미리 준비하지 않으면 다음은 없다
리더의 스피치

리더의 스피치
미리 준비하지 않으면 다음은 없다

초판 1쇄 발행 2021년 9월 15일
2쇄 발행 2024년 6월 10일

지은이 최효정
펴낸이 장길수
펴낸곳 지식과감성#
출판등록 제2012-000081호

교정 및 편집 지식과감성#
마케팅 김윤길, 정은혜

주소 서울시 금천구 벚꽃로298 대륭포스트타워6차 1212호
전화 070-4651-3730~4
팩스 070-4325-7006
이메일 ksbookup@naver.com
홈페이지 www.knsbookup.com

ISBN 979-11-392-0069-0(03190)
값 15,000원

● 이 책의 판권은 지은이와 지식과감성#에 있습니다.
● 이 책 내용의 전부 또는 일부를 재사용하려면 반드시 양측의 서면 동의를 받아야 합니다.
● 잘못된 책은 구입하신 곳에서 바꾸어 드립니다.

지식과감성#
홈페이지 바로가기

미리 준비하지 않으면 다음은 없다.

리더의 스피치

최효정 지음

길을 아는 것과 그 길을 직접 걷는 것은 다르다.
공식석상, 그 어느 때보다 중요한 리더십의 현장!

이 책을 통해 '스피치 공부'의 묘미를 느꼈으면 좋겠다.
리더의 말 한마디는 여전히 힘이 있고 희망적이다.

지식과감정

Contents

추천사   6
프롤로그   리더가 되는 순간, 스피치는 필수   8

Part 1 | 리더는 사실 떨린다

1. 청중은 이제 듣고만 있지 않는다   16
2. 발표불안증은 진화된다   22
3. 나만 떨리는 게 아니다   28
4. 주근깨 법칙! 카메라 앞에서도 문제없다   39
5. 리더의 스피치 SWOT 분석   46

Part 2 | 내용 구성이 핵심이다

1. 말하는 이, 듣는 이, 말할 내용   60
2. 빼고 더하고 지켜라   74
3. 지금 당장 적용하는 2WHM 공식   84
4. 스토리에서 스토리텔링까지   103
5. 주제 선정부터 실전 스피치까지   109

Part 3	**좋은 목소리가 이긴다**
	1. 발표불안을 이기는 특효약: 호흡 124
	2. 좋은 목소리의 기초체력: 발성 130
	3. 분명하게 들린다: 발음 141
	4. 지루함이란 없다: 어조 158
	5. 운동하듯 목소리를 바꾼다: 낭독 162

Part 4	**몸짓언어로 승부하라**
	1. 말보다 강한 '몸짓'의 힘 170
	2. 손이 하는 말 177
	3. 메시지만큼 중요한 제스처 184
	4. 스피치의 분위기를 결정짓는 표정 191
	5. 열린자세와 닫힌자세 194

Part 5	**매력으로 경쟁력을 높여라**
	1. 리더의 경쟁력은 이미지 200
	2. 호감 가는 이미지를 위한 체스(CHES) 법칙 202
	3. 어울리는 컬러를 입고 연단에 서라 209
	4. 매력적인 연사가 되어라 217

에필로그   스피치가 바뀌면 인생이 바뀐다   224

추천사

노력의 낭비를 줄여주는 책!

내가 처음 이 책의 저자 최효정 박사를 만났을 때 섬광처럼 한순간에 전해지는 느낌이 있었으니 그것은 바로 '열정'이었다. 또록또록한 발음과 자신감에 찬 목소리…. 그는 놀랍게도 20대 초반부터 약 15년간 전국을 누비며 기업 강의와 각종 프로젝트를 기획해 온 명강사이자 기획자였다. 수년간 대학에서 문화콘텐츠학 강의를 맡아 오면서 현재는 창간 112년의 역사를 가진 경남일보에서 경영기획이사로 근무하고 있다. 30대의 임원이면서 최초의 여성 이사이다. 가까이에서 본 저자는 여전히 아이디어가 넘치며 항상 주위를 긴장시키고 놀라게 한다.

바쁜 와중에도 틈틈이 시간을 내어 글을 쓰고 책을 발간하는 모습 또한 에너자이저답다.

그동안의 강의안을 엮어 보았다고 막 탈고한 원고를 들고 왔을 때 나는 독자의 한 사람으로서 기쁘게 정독했다.

이 책은 공식 스피치를 해야 할 리더들에게 저자가 보내는 스피치 코칭 선물이다. 대중 앞에서 스피치해야 할 일을 앞두고 있다면 이 책을 꼭 읽어 보길 추천한다. 무엇이 잘못되었고 어떻게 하면 되는지 저자가 친절한 스피치 선생이 되어 독자를 코칭할 것이다.

  책의 사용법은 간단하다. 일단 읽어 나갈 것, 그런 다음 저자의 안내에 따라 지금 바로 실행할 것.
  천리행시어족하(千里行始於足下)라는 말처럼 비록 어렵더라도 처음 한 걸음부터 일단 시작하고 나면 어느새 성공적인 스피치를 하고 있을 것이다. 저자는 누구나 한 번쯤 고민해 보았을 '공식석상 스피치'를 십수 년간 정립해 오며 자신만의 연단스피치 기술을 이 책에 담아 내었다. 우리는 그저 그의 지침대로 책을 읽고 실천하기만 하면 된다.

  나는 그동안 수많은 연설과 토론을 해 왔고, 선거 유세 현장에서 숱한 대중 스피치를 펼쳐 왔다. 일찍이 《리더의 스피치》를 읽고 실천했더라면 스피치에 한한 노력의 낭비를 줄였을 것이라고 확신하면서 독자 여러분에게 자신 있게 권한다.

제13, 15대 경상남도 교육감
경남일보 회장
고영진

프롤로그

리더가 되는 순간, 스피치는 필수

당신이 현재 리더인지 아닌지는 중요하지 않다. 그러나 '존경받는 리더', '설득력을 갖춘 리더'가 되고 싶다면 스피치 능력을 갖추는 것은 이제, 선택이 아닌 필수다.

가끔 '스피치를 꼭 배워야 하느냐'고 질문하는 리더들이 있는데 물론 꼭 배울 필요는 없다. 말이란 생각을 드러내는 수단이고 우리는 이미 언어의 세계에서 매일 숨 쉬며 살고 있기 때문이다. 문제는 '공식 스피치'가 되는 순간부터인데, 평소 자신감이 넘치는 사람이라 하더라도 연단에 오를 일이 생긴다면 내심 긴장되고 신경이 쓰이기 마련이다. 자신의 철학과 소신을 내보이는 일이란 타인의 시선으로부터 자유롭지 못한 일이기도 하고, 평소 연단에 자주 서지 않는 이상 완성도 높은 연설을 단번에 해내기가 어렵기 때문이다.

물론, 말하는 것이 직업이 아닌 이상 꼭 조직의 리더가 연단에 직접 서야 하는 것은 아니다. 대변인이나 참모, 담당부서장을 통할 수도 있고, 리더가 직접 해야 하는 사항이라면 미리 준비해 놓은 원고를 보고 읽기만 해도 된다. 그러면 청중과 눈 마주칠 일도 없고 리더의 스피치를 감히 누가 지적할 리도 없다. 그의 능력은 말에 있는 것이 아니라, 성과와 실행력에 있는 것이라고 믿기 때문이다. 과연 그럴까?

A씨는 이러한 이유로 지금까지는 '연단스피치'의 중요성을 모르고 살았다. 그래서 누가 스피치를 배우러 다닌다 하면 "아니, 그거 뭐, 읽고 내려오면 되지. 고작 몇 분 말할 걸 가지고 돈 주고 배우러 다녀?"라고 말한 그였다.

그러던 그가 갑자기 '스피치'에 눈을 뜨게 된 건, 조직을 대표하는 1인자의 자리에 오르면서부터이다. 이건 뭐 어딜 가나 '한 말씀' 해야 할 일들로 넘쳐났고, 막상 생각나는 대로 말하려니 말문이 막히기 일쑤였다. 눈에 띄게 말실수가 잦은 날에는 기분이 좋지 않고 타인의 반응이 신경 쓰였다. 어느 날부턴가 공식 행사에 인사말 한마디라도 해야 할 일정이 잡히면 그날은 아침부터 긴장이 되고 심장이 빨리 뛰었다. 어느새 자신을 짓누르는 일이 된 것이다.

'안 할 수도 없고…. 이거 이래서는 안 되겠는데? 진짜 어디 좀 가서 배우기라도 해야 하나….'

진지하게 생각해 보지만 막상 어디 가서 말을 배운다는 사실이 어쩐지 좀 멋쩍다는 생각이 들었다.

'에이~ 뭘 그렇게까지….'

무엇보다 그는 너무 바쁜 사람이었다. 매일 이어지는 회의와 미팅, 각종 모임…. 그러다 또 행사가 잡히면 축사, 인사말, 건배사까지…. 리더의 일상은 쉴 틈 없이 돌아갔다. 매번 연단에서의 말이 아쉽게 남았지만 '다음번에 잘하면 되지' 하고 애써 넘어갔다. 그러던 어느 날, 그날은 연단에서 유난히 말실수가 많았고 그는 처음 자신의 스피치 능력에 대해 깊이 생각해 보게 되었다.

'이래서는 안 되겠구나. 제대로 한번 정리가 필요하겠어.'

위 이야기에 고개가 끄덕여진다면 두말할 것 없이 지금이 기회다. 자신의 스피치 능력을 점검해 볼 기회! 그리고 생애 처음 연단스피치 공부를 시작할 타이밍!
사람은 어떤 계기가 있어야 변화를 만난다고 한다. 대충 지나갈 줄 알았던 '인사말 타임'이나 발표, 모두가 주목한 상태에서의 공식 말하기…. 무슨 말을 어떻게 시작해야 할지, '말하기의 벽'에 부딪혀 본 사람만이 변화에 도전해 볼 수 있는 법이다.

이 책은 바로 그런 당신을 위한 스피치 실용서이다. 발표불안 극복방법, 스피치의 내용구성, 표현방법, 연사의 이미지 메이킹 등 리더의 연단스피치 방법을 모두 담아 내었다. 공식 스피치를 준비하는 순간부터 연단에서 내려오는 순간까지 차근차근 마스터하는 느낌으로 시작한다면 이 책은 당신에게 스피치의 길잡이가 되어 줄 것이다.

한편, 리더의 '공식 스피치'란 어디까지일까?

화자와 청자, 말할 주제가 있으면 모두 공식 스피치(Public Speech)라 할 수 있는데 축사, 연설, 토론, 토의, 회의, 강연 등의 형태가 있다. 최근 팬데믹(pandemic)이 지속되면서 뉴노멀의 일상은 소통의 공간마저 바꾸어 버렸다. 이제 리더들은 언택트의 상황까지 고려해 스피치 능력을 키워야 하고, 공식 스피치의 영역이 오프라인뿐만 아니라 온라인으로도 확대되었다. 어느새 익숙해진 용어인 '언택트(untact)'는 원래 접촉을 뜻하는 콘택트(contact)의 반대 용어 '언(un)'을 합쳐 만든 신조어인데, 사람들은 불안함과 신기함 속에서도 새로운 소통 방식을 적응해 나가려는 경향을 보인다. 리더의 발언은 이제 비대면 형식을 통해서도 빠르게 퍼져 나갈 수 있게 되었으며 다양한 매체와 플랫폼을 통해 리더의 메시지가 이전보다 더 또렷이 부각되는 결과를 낳았다. 반면, 청중은 더욱 똑똑해졌다. 지루한 이야기에 귀 기울여 주는 착한 청중의 시대는 이제 지났다. 발언의 주체는 말하는 사람이지만 발언의 편집권은 청중에게 있다. 청중은 이제 오프라인에서 적극적인 의사 표현과 피드백을 드러낸다. 취득한 정보는 리마인드에 활용하거나 재생산하기도 하고 사안에 따라서는 커뮤니티 토론에 부치는 등 적극적인 행보를 보인다. '말의 콘텐츠(contents)'가 중요해진 이유, 우리가 스피치 공부를 함에 있어 '말의 조리'를 꼭 생각해 보아야 할 이유가 바로 여기에 있다. 이제 리더에게 있어 연설 능력이란 선택이 아닌 필수가 되었다. 당신이 인지하지 못하고 있는 순간, 이미 대중은 당신의 연설을 통해 리더의 자질을 검증하고 있을지 모르는 일이다.

어떤 의미에서 보면 스피치를 배운다는 것은 참으로 지루한 일이 아닐 수 없다. 그것은 어쩌면 끝을 알 수 없는 길로 들어서는 것과도 같고, 완벽을 기대하기 어려운 일이기 때문이다. 스피치 공부의 최적의 타이밍은 '말 때문에 곤혹을 치른 후'가 아니라, '말 덕분에 성공을 경험해 본' 후여야 할지 모르겠다. 작은 성취를 경험해 본 사람이 더 큰 성공의 동기부여를 갖게 되는 법이니까…. 좋은 리더가 되고 싶은 당신이라면, 진정 원하는 바가 있다면 완벽을 위한 도전이 아니라, 완주를 위한 목표로 스피치 공부에 임했으면 좋겠다.

말이란, 진의(眞意)를 드러내는 가장 인간다운 방법이자 문제해결과 설득, 공감에 있어 최적의 수단이다. 그러므로 좋은 리더가 되고 싶다면 먼저, 거울을 닦듯 자신의 말을 갈고 닦자. 성공적인 스피치만큼 효과적인 자기 PR도 없을 것이다. 대선과 지방선거가 있는 2022년은 그야말로 리더들의 말하기 각축전이 될 것이다. 우리는 어떤가. 필자와 여러분의 세계 또한 무관하지 않다. 리더들의 더 많은 메시지가 쏟아져 나올 것이고, 우리는 때로는 현장에서, 때로는 안방에서 보고 듣고 참여하고 있을 것이다. 과연, 독자 여러분은 어떤 스피치로 청중을 사로잡을 것인가!

  길을 아는 것과 그 길을 직접 걷는 것은 다르다고 했다. 이 책이 당신에게 잃어버린 길을 찾게 해 주는 길잡이가 되었으면 좋겠다. 리더의 말은 여전히 희망적이다. 우리 사회 곳곳에 독자 여러분의 희망적인 발언이 울려 퍼지길 기대해 본다.

2021년 9월

최효정

"When the speech changes, your life changes."
스피치가 바뀌면, 인생이 바뀐다.

Part 1
리더는 사실 떨린다

1
청중은 이제 듣고만 있지 않는다

1️⃣ 공식 스피치의 변화

　우리는 이미 다양한 매체를 통해 스피치 현장을 경험하고 있다. 유튜브(youtube)만 들어가도 크리에이터들의 생생한 영상을 쉽게 볼 수 있고, 라방(라이브방송)이 대세인 요즘, 마음만 먹으면 누구나 스피치 인싸(insider)가 될 수 있다. 그래서일까, 대중의 스피치 참여가 높아진 현상을 보며 필자는 내심 반가운 생각도 든다.
　이전의 연단스피치에서 연단(stage)은 일종의 무대였으며, 듣기만 해도 무게감이 느껴지는 공식적인 자리를 뜻했다. 우리가 매일 일상에서 만나는 '수다'와는 그 성격이 완전히 다른 것이다. 화자와 청자의 거리는 무대와 객석만큼이나 갭(Gap)이 있었고, 메시지는 화자 중심(One way-communication)이었다. 그러던 것이 화자와 청자 간의 교차대화(Two way-communication) 형식으로 점차 바뀌어 갔고, 현재는 낭독형 스피치와 소통형 스피치의 혼합 스타일이 호응을 얻고 있는 추세다. 형식을 중시하는 연설형 스피치에서 교감을 추구하는 소통형 스피치로, '공식 스피치'의 패러다임이 바뀐 것이다.

독자 여러분은 이러한 스피치의 변화를 실감하고 있는가?
만약 여러분이 곧바로 '공식 스피치' 한 편을 준비해야 한다면, 어떤 유형의 스피치 환경인지부터 파악해야 한다. 대면인지, 비대면인지, 서서 하는지 앉아서 하는지, 일방적 메시지 전달인지 아니면 청중과 주고받는 소통현장인지 등 스피치의 목적과 환경에 맞게 준비해야 한다. 낭독형 스피치란, 분위기를 봐서 즉흥적으로 구사하는 임기응변과는 달리, 미리 말할 내용을 원고로 준비해 낭독하는 형식을 말한다. 이 경우, 주제와 대상, 장소, 말할 시간(T.P.O)이 사전에 정해져 있을 가능성이 높으며 메시지의 주된 목적이 분명해야 성공적인 스피치가 될 수 있다. 화자 중심의 스피치이므로 발언 도중 청중의 질문을 받는다거나 즉흥적인 참여를 유도하진 않는다. 반대로 소통형 스피치의 경우에는 화자와 청자의 교차 대화 형식이 많으므로 청중에게 질문을 던지거나 자연스럽게 임기응변 상황이 펼쳐질 수 있다. 대개 청중과 교감하는 능력이 뛰어나고 공식 스피치 경험이 많은 화자에게서 쉽게 볼 수 있는 스타일이다. 물론 이 경우에도 주제와 목적은 분명히 드러나야 한다.

독자 여러분은 어느 쪽의 스피치 유형이 더 익숙한가, 낭독형인가 소통형인가 평소 인사말과 축사의 형태는 대체로 낭독형이 많고 강연과 토론, 토의는 소통형이 많다. 하지만 형식의 제약이 없다면 혼합형 스피치를 목표로 스피치근력을 키워 보는 것이 좋겠다. 스피치도 한 편의 작품처럼 연출해 보는 것이다. 당신은 지금부터 주인공이다.

상황형 스피치 전략

내가 앞으로 경험하게 될 혼합형 스피치, 낭독형 스피치, 소통형 스피치 상황을 T.P.O.에 맞게 작성해 보자.

상황형 T.P.O. 전략

낭독형 스피치	T. 시간
	P. 장소/사람
	O. 상황
소통형 스피치	T. 시간
	P. 장소/사람
	O. 상황
혼합형 스피치	T. 시간
	P. 장소/사람
	O. 상황

2 청중의 변화

　미디어 스피치가 발달되기 이전의 연단스피치에서는 지금처럼 청중이 실시간으로 댓글로 의사표시를 하는 등 즉각적인 피드백을 행사하기가 어려웠다. 화자가 발언하는 동안 청중은 예의 바른 태도로 경청하는 모습을 보여야 했고, 다른 의견이 있더라도 연설 중간에 끼어드는 행동은 예의에 어긋난 것이었다. 화자는 말하는 사람이고 청중은 듣는 사람이라는 역할 구분만큼 공간에서의 구분도 명확했기 때문에 연설 무대가 클수록 청중 개개인의 피드백은 군중심리 속에 묻혔다.

　애초에 연설의 주 기능 자체가 화자의 '입장 전달'에 머물러 있는 경우가 많았다. '메시지 전달' 자체에만 목적을 두다 보니, 화자 중심의 스피치구사 능력에 치중된 준비가 대부분이었고 이후 청중의 진의 및 효과를 제대로 파악하기는 어려웠다.

　그런데 요즘의 스피치는 어떤가. 그야말로 '발 없는 말'을 실감할 수 있다. 스피치 현장에는 카메라가 설치되어 있고, 오프라인 연설이 시작되면 온라인 라이브 방송이 함께 진행된다. 직접 참여하지 않으면 풍문으로만 알 수 있었던 화자들의 발언들을 이제는 언제 어디서나 마음만 먹으면 직접 보고 들을 수 있게 되었다. 그뿐인가? 온라인에서 청중은 더 이상 다수의 반응에 편승할 필요가 없다. 즉각적인 피드백을 댓글로 남길 권리가 있었으며, 연사의 말을 가로막지 않고도 얼마든지 자신의 의견을 표출할 수 있다.

스피치 환경의 변화, 이것은 모두 무엇을 의미하는 것일까? 첫째, 미디어 변화에 따른 '리더들의 온·오프라인 스피치 훈련이 필요하다'라는 것이다. 둘째, 청중의 요구가 실시간으로 표출되고 있는 지금, 리더에게 가장 필요한 덕목은 '발 빠른 경청능력과 대처능력'이라는 것이다.

말하는 동시에 피드백을 살피는 능력, 성실하게 답변하는 태도는 화자로서의 덕목만이 아니라 리더로서 가져야 할 태도를 의미한다. 눈 인간, 귀 인간, 손 인간, 발 인간이 되자.

청중을 잘 보고, 청중의 피드백에 귀 기울이고, 메시지가 행동이 되는 과정을 이행하자. 지금 청중은 리더의 실천적 말하기를 원한다. 기꺼이 삶과 앎의 실천적 양심가가 되자. 청중은 그런 당신의 진짜 이야기를 듣고 싶어 한다.

2
발표불안증은 진화된다

'미디어 스피치'의 바람이 불자 연단에서 긴장하는 연사의 모습은 자주 볼 수 없게 되었다. 청중 앞에 서서 시선을 어디로 둬야 하는지, 손은 어떻게 처리해야 하는지, 어느 시점에 질문을 유도해야 하는지, 눈앞은 깜깜한데 해야 할 말은 생각이 잘 안 나고 갑자기 다리는 풀리는 현상…. 직접 경험해 보지 않은 사람은 모를 긴장감이 바로 발표불안증이다.

산악인 허영호 씨는 3극점 7대륙 최고봉 등정에 성공한 탐험가이다. 그런 그가 한 인터뷰에서 이런 말을 한 적이 있다. "에베레스트 산 정상에 오르는 것보다 연단에 오르는 그 몇 센티미터가 더 두렵더라고요. (웃음)" 그만큼 그에게는 연단에 오르는 순간이 산 정상에 오르던 것보다 더 큰 긴장감으로 기억하고 있었다. 그의 발언에 여러 독자들이 공감한 이유는 그가 말한 연단공포를 살면서 한 번쯤은

겪어 봤기 때문이리라. 그러나 요즘 연사들은 연단공포를 겪을 일이 잘 없다. 코로나19 발생 이후, 연단 앞에 설 일이 없어졌기 때문이다. 그동안 연사를 덜덜 떨게 만들었던 요소, '큰 무대, 높은 연단, 눈앞의 청중'이 사라졌다.

 그래서 어떻게 되었을까? 이제 좀 할 만해졌을까? 안타깝게도 뭐든 그리 만만하게 흘러가지는 않는 모양이다. 팬데믹 일상에서 세 가지 달라진 점이 있는데 우선, 큰 무대가 사라지고 대신 줌(Zoom)이라는 무대가 등장했다. 한 번도 적응해 본 적 없는 온라인 무대에 서야 하는 것이다. 둘째, 넓은 무대가 사라졌으므로 높은 연단 또한 사라졌다. 대신 프롬프터가 연단의 기능을 담당하거나 카메라 근처 커닝 페이퍼, 혹은 화자의 손에 들고 있는 대본이 연단의 역할을 하게 되었다. 더 생소하고 정교해진 연단이 생긴 것이다. 이마저도 미디어에서는 어색함이 그대로 전해지기 때문에 아예 대본을 보지 않고 자연스럽게 말을 해야 할 때도 있었다. 셋째, 눈앞의 청중이 보이지 않는다. 대신 카메라 앵글 너머 '보이지 않는 청중'을 상상하며 메시지를 전달해야 하고, 리액션 하나 없는 적막한 공간에서 준비된 소통 능력을 보여야 했다. 카메라는 무대를 대신하는 것이기도, 청중을 대신하는 것이기도 했다. 현장의 긴장감, 그 무시무시했던 무대공포를 피했더니 이번에는 한 번도 경험하지 못한 세계가 펼쳐진 것이다. 완전히 다른 종류의 긴장감, 전혀 예상치 못한 스피치 현장의 변화였다.

코로나19 초기에는 연사도 청중도 당황하기란 마찬가지였다. 다만 청중은 적잖은 태도 변화를 보였는데, 그동안 청중석에 앉아 경청하는 모습을 요구받아 온 것이 청중의 모습이었다면 이제 그들은 자유로운 비평가가 될 수 있었다. 아니, 과감하게 자기 의견을 표출하는 적극적이고 날카로운 비평가가 될 수 있었다. 지구촌 어디에 있든 원하는 모든 시간에 댓글을 달 수 있었고 의견표출이 가능해졌다. 온라인 무대에서는 실시간 소통도, 간격을 둔 의견 청취도 모두 중요해졌기 때문이다. 필자가 만난 여러 명의 연사들이 입을 모아 얘기했다. 이건 또 다른 종류의 카오스라고…! 연사의 입장에서는 이전의 무대공포와는 비교할 수 없는, 전혀 생소한 긴장감을 맛봐야 하는 것이다. 기록되고 저장된다는 것은 실로 무서운 것이었다. 이것은 베테랑 연사도 마찬가지였다. 높은 연단을 중심으로 무대를 활보하던 베테랑 연사는 이제 똑같이 새로운 벽을 넘어서야 했다. 2021년 한때, 코로나 상황이 차츰 나아지는 것 같은 수치들을 보일 때 간간히 오프라인 행사나 강연, 모임이 재개되는 모습도 보였지만, 아직 안심할 상황은 아니다. 변이 바이러스가 등장했고 확진자 수는 매일 오르내리고 있다. 이제 세상은 코로나19 이전과 이후로 완전히 나뉜 것이다. 상황이 나아져 오프라인 무대가 생긴다 해도 행사 관계자들은 당연한 듯 실시간 방송을 함께 기획했고, 지금의 연사들에게 '온·오프라인 스피치'를 모두 준비해야 함은 당연한 수순이 되었다. 이 말은 무슨 말인가, 이제 연사들은 온라인과 오프라인을 자유자재로 오갈 수 있는 능력이 당연시된다는 얘기다.

준비된 자에게 기회가 온다 했지만, 대부분의 연사들은 준비할 시간적 여유가 없었고 방법을 몰랐다. 그들이 누구인가. 앞에 서서 마이크를 잡고 말하는 이들 대부분은 리더이다. 비대면 회의나 모임, 강연 등이 자리를 잡으면서 시스템은 점차 갖추어 나갔고 청중은 빠르게 적응하기 시작했지만, 정작 메시지를 전해야 하는 입장의 연사들은 준비랄 것도 없이 고스란히 스피치 능력을 드러내는 계기가 되고 말았다.

주변의 환경이나 소음 등의 필터링 하나 없이, 있는 그대로의 습관이 모두 드러났다. 말의 내용은 물론, 표현방법과 태도까지…. 훨씬 더 리얼하게 연사의 장점과 단점, 스타일을 진단할 수 있는 계기가 되었고, 그동안 연사들에게 고질적인 문제였던 '발표불안증'은 더욱 진화된 결과를 낳았다.

1) 발표불안증의 진짜 얼굴

사람들은 누구나 타인에게서 인정받고 싶어 한다. 이를 심리학에서는 '인정욕구'라 하고, 심리와 관련 있는 모든 영역에서 이를 비중 있게 다룬다. 심리학 책 《나 좀 칭찬해 줄래요》에 의하면 인정욕구란, '나의 신념이나 행동에 대해 다른 사람들이 동의해 주고 나의 존재를 긍정적으로 바라봐 주길 원하는 마음, 이에 부응하려는 욕구'라 하는데 우리는 스스로를 인정할 때만 편안할 수 있다는 마크 트웨인의 말처럼, 이것이 얼마나 힘든 일인지를 역설하고 있다.

살아가면서 타인의 시선과 인정으로부터 좋은 평가를 받지 못할 때 우리는 심리적 어려움을 겪게 되는데 자신의 생각이나 주장을 관철시켜야 할 때 특히, 심리적 기제가 발동한다. 자존감(self esteem)이란, 존엄성에 대한 자기 내부의 인식이며 스스로의 존재 자체를 존중하고 인정하는 것이다. 이러한 자존감의 문제는 평소엔 크게 인지하지 못하다가도 타자로부터 인정받지 못한다고 느끼는 순간 드러나는 경우가 많다. 어쨌거나 우리는 타자를 의식하지 않고 살 수 없기 때문이다. 그런데 그 도구가 주로 '말'로 인한 것이기에, 생각이 다른 타인이나 집단을 설득해야 하는 순간 말하기가 더욱 어렵게 느껴지는 것이다.

필자는 약 15년간 스피치(연설), 프레젠테이션, 협상 등 리더에게 필요한 화법·화술을 코칭해 온 바 있다. 필자가 만난 리더들 중에는 최고경영자(CEO), 고위공직자, 임원뿐 아니라 팀장급 이상의 중간관리자, 업무 책임자 등 조직을 대표하거나 조직의 핵심 간부인 경우가 많았다. 이들 리더 중에는 조직에 헌신하며 능력 있는 이들이 많았고, 실력은 기본, 성실함과 훌륭한 인격까지 갖춘 이들이 많았다. 그럼에도 필자는 '하늘은 정말 모든 걸 다 주진 않는구나'라고 느끼는 순간이 있었는데 그야말로 모든 능력을 다 갖춘 이들에게도 '연단공포증', '카메라공포증'을 극복하기 어려운 숙제 중 하나였기 때문이다.

왜 그럴까? 안타깝게도 말에 대한 부정적 경험이나 곤혹을 치러 본 경우, 말 때문에 제대로 된 평가를 받지 못한 경우, 말 때문에 상처를 받은 경우가 부정적 경험으로 축적되어 '스피치공포증'을 만들어 내고 있었기 때문이다. 그뿐만 아니라 반드시 성공해야 한다는 압박감과 완벽주의 성향이 짙은 사람일수록 연설을 앞두고 더욱 긴장하는 모습을 보였다. 반드시 잘해야 한다는 생각과 청중에게 이익을 주어야 한다는 압박감 때문이었다.

말 때문에 곤혹을 치러 본 경우
→ 인간관계에서의 오해, 시비, 불통 등

말 때문에 제대로 된 평가를 받지 못한 경우
→ 취업 실패, 승진 누락, 실적 하락, 사업의 어려움 등

말 때문에 상처 받은 경우
→ 직장생활, 가정에서의 소통 문제, 대화 결여

3

나만 떨리는 게 아니다

우리가 스피치를 어렵게 느끼는 이유는 공식적인 자리, 서서 말해야 하는 것, 청중에게 도움을 주어야 하는 부담감 때문이다. 안타깝게도 이 세 가지가 충족되지 않을 때 '발표불안증'은 스피치를 방해하는 가장 까다로운 요소가 된다. 발표불안증이란 일종의 심리적 불안감인데, 담화 자체에서 불안을 느끼는 '말하기 불안증(communicative apprehension)'과 무대(stage)에 대한 불안증, 두 가지가 있다. 이 책에서는 공식 스피치를 앞둔 상황에서의 긴장감, 경험 부족에서 비롯된 무대공포증(stage fright), 카메라 울렁증의 범위에서 다루고자 한다.

연설을 준비하는 과정은 쉬운 일이 아니다. 대면이든 비대면이든 스피치 상황이 부담스럽지 않은 사람은 그리 많지 않다. 일상을 온앤오프로 살아가야 하는 리더들은 어떨까?
(방송프로그램 〈온앤오프〉에서는 연예인들의 무대 위 시간을 '온'

이라 하고 스포트라이트가 꺼진 사생활을 '오프'라고 표현한 바 있다.) 배우 송중기는 한 인터뷰에서 무대공포에 대해 언급한 바 있는데, 무대를 앞두고 긴장되지 않을 때는 딱 한 가지 이유일 때밖에 없다고 했다. 바로, '완벽하게 준비되어 있을 때'이다. "준비되지 않은 채로 무대에 오르면 어김없이 긴장감은 고조되고, 그만큼 실수할 가능성도 커요."

그는 긴장하지 않기 위해서라도 늘 '준비'에 최선을 다하는 연기자였다.

1} 역사상 위대했던 대중 연설가들은 어땠을까?

가장 훌륭한 연설가로 평가받아 온 로마의 웅변가 키케로는 "연설을 시작할 때 얼굴이 창백해지고 사지와 영혼까지 모두 덜덜 떨린다"고 고백한 바 있고, 토크쇼의 여왕 오프라 윈프리도 한 인터뷰에서 "토크쇼를 진행하거나 무대 연설에 오르기 전에는 언제나 떨리고 긴장된 마음"이라고 밝힌 바 있다. 그래서 그녀는 평소 마음을 차분히 하기 위한 명상과 요가를 즐기는 편이라고 했다. '연설' 하면 빼놓을 수 없는 인물인 에이브러햄 링컨과 마거릿 생어, 윈스턴 처칠 역시 발표불안에 시달렸다고 고백한 바 있다. 이들은 종종 악몽을 꾸었고, 연단에 서기 직전, 발이 떨어지지 않아 연설을 포기한 적도 있다고 하니 역사상 위대했던 대중 연설가들 역시, 발표불안의 난제 앞에서는 쉽게 넘어서기 어려웠던 모양이다.

2> 왜 '발표불안'에 시달릴까?

첫째, '자의식(自意識)' 때문이다.

대부분의 연사들은 청중이 자신보다 더 특별하거나 높은 직책의 사람들이라고 판단하면 '나보다 더 나은 사람이 지금 나를 보고 있다'고 생각하면서 긴장하는 심리기제(機制)를 온몸에 보내는 경향이 있다. 더욱이 '실수하면 안 된다'고 인식하는 순간, 되레 몸이 굳어지고 심리적으로 위축된다. 공적 스피치 상황은 자신의 생각을 여러 사람들 앞에 내보여야 하는 일이기 때문에 평판에서 자유로울 수 없고, 타인에게 좋은 평가를 받아야 한다는 부담감이 그대로 '발표불안'으로 이어진다.

리더들의 스피치를 코칭하다 보면 '발표불안' 때문에 걱정하는 분들을 자주 만나는데 불안(anxiety)이란, 정신적 무질서에서 비롯되는 증상 중 하나로 볼 수 있다. 질문에 답변해 보라. 나는 왜 불안한가? 원인을 알고 문제가 명료해지면 답은 보이기 마련이다. 해결할 수 있는 것과 해결할 수 없는 것. 이것을 분류하는 것이 곧 성공적인 실행으로 가는 방법 아니겠는가.

둘째, '공식적인 말하기'에 대한 고정관념 때문이다.

미국 국제정책과 외교관계를 연구했던 자카리 쇼어(Zachary shore)는 《생각의 함정》이란 책에서 '무엇이 우리의 판단을 지배하는가' 하는 문제에 대해 '상상력'을 언급한 바 있는데 모든 노출불안은 곧 대상들 간의 차이를 식별해 낼 수 있느냐, 없느냐 선택하는 문제라고 했다. 자신의 나약함이 노출될 것을 두려워하는 것, 세상 모든 관점을 승자와 패자로 나누는 미성숙한 태도, 범주화에 대한 강박증, 정보에 대한 지독한 편견들, 이런 요소들이 긍정적인 커뮤니케이션 환경을 구축하는 데 큰 방해요인이 되는 것이다.

셋째, 지나친 인정욕구와 과도한 목표설정 때문이다.

걱정은 두려움과 긴장감을 만들어 낸다. 타인에게 좋은 평판을 받고 싶다면 먼저 상대를 인정해 주자. 그도 나와 같이 인정받길 원한다. 스피치의 접점, 그 순간은 바로 진실의 순간(Moment of Truth)이다. 청중에게 단순히 듣고 있는 순간을 넘어 '사고 싶은 순간(I want to buy moments), 알고 싶은 순간(I want to know moments)'을 선물하라.

한편, "다른 사람들은 그렇지 않은 것 같은데 저만 덜덜 떨고 있는 것 같아요. 괜히 말도 잘 못하는 사람이 마이크를 잡고 버벅거리면 웃음거리가 될 것 같아서 겁이 나요"라고 말하면서 스피치의 불만족을 자신의 성격 탓으로 돌리는 경우도 있는데 리더라면, 이런 모습도 지양해야 한다. 스피치 이후의 효과는 좋을 수도, 나쁠 수도 있다. 인간사 모든 게 그렇듯 언제나 좋을 수만은 없고 그래서 스피치 코칭에서는 실행 이후의 피드백을 더 중요하게 생각한다. 리더로서,

연사로서 성장해 나갈 수 있기 때문이다. 따라서 이 책을 읽고 있는 독자 여러분! 리더 여러분! 과한 '자기 탓'은 삼가하자. 나만 떨리는 게 아니다.

"이상적인 연설가는 어떤 경우에도
청중의 유익을 위해 연단에 서는 사람이다."
- 마르쿠스 파비우스 퀸틸리아누스 -

A 씨의 발표불안증 극복기

　수강생 A 씨. 학창 시절 A 씨는 국어시간에 교과서를 읽어 보라는 선생님의 지시로 자리에서 일어나 국어책을 읽으려 하고 있었다. 준비 없이 일어나 갑자기 교과서를 읽게 된 A 씨는 첫마디를 하려는 순간, 목이 칼칼하게 잠기는 것을 느꼈다.

"흠흠…."

목을 가다듬고 헛기침을 해 보는 A 씨.
그때 성격 급한 선생님이 A씨를 몰아붙이기 시작한다.

"뭘 그리 꾸물거리는 거냐. 어서 읽지 못해?"

순간 얼음이 된 A 씨.
　A 씨는 주눅이 든 상태에서 겨우겨우 소리를 내 책을 읽기 시작했다. 그러자 이번에는 더욱 화가 난 목소리로 다그치기 시작하는 선생님.

"목소리가 왜 그 모양이냐. 더 큰 목소리로!"

그러자 더욱 긴장감이 올라간 A 씨는 '빨리 이 시간이 지나갔으면…' 하는 바람뿐이었다고 한다. 그래서 속도를 내 읽기 시작한 A 씨. 그랬더니 이번에는 자꾸만 발음이 어긋나는 것이다.

"한국의 경제지포는…. 아! 그게 아니고 지표는…."
"킥킥킥킥…."

여기저기 반 친구들의 웃음소리가 들려왔다.

뒷자리에 있는 B.

"푸핫…. 지포래. 야 쥐포 먹고 싶냐? 넌 이제부터 지포다 지포! 푸하하하."
"어이 거기! 조용히 하지 못해? 그리고 넌 왜 그렇게 발음도 안 좋냐. 거참 그냥 앉아!"

순간 A 씨는 자존심이 상할 대로 상했고, 너무 부끄러워 쥐구멍에 들어가고 싶은 심정이었다고 한다. 집에 돌아와서도 이따금 떠오르는 기억 때문에 얼굴이 화끈거렸던 A 씨는 그날의 악몽을 성인이 되어서도 생생하게 기억하고 있었다.

이제는 번듯한 직장에서 관리자급의 직책을 맡고 있는 A 씨. 봉사단체와 여러 친목 모임에서 회장직을 맡을 만큼 봉사정신과 리더십이 있는 그는 평소 주변 사람들로부터 듬직하고 포용력이 있는 리더로 평가받고 있었다. 그런 그가 스피치 멘토링을 받기 위해 아카데미를 찾은 것은 다름 아닌, 발표불안 때문이었는데 사람들 앞에 서서 말을 해야 할 일들이 점점 많아지고 있었기 때문이다. 사람들은 잘 모르는 부분이지만 사실 그는 학창 시절의 그 사건 이후로 발표를 하거나 사람들 앞에 서서 말하는 일이 무척 곤욕스러운 일이 되었다. 연단에 서서 청중의 얼굴을 보기만 해도 등줄기에서 땀이 흘렀고, 말을 시작하면 곧바로 입이 바짝 마르고 숨쉬기가 곤란할 정도로 가슴이 답답해지는 것이다.

'혹시 실수하면 어쩌나. 내가 말을 못하면 앞에 앉아 있는 저 사람들이 속으로 비웃겠지?'

생각을 고치려고 해도 연단에 서기만 하면 부정적인 생각이 들어 괴로웠다는 A 씨는 그동안 바쁘다는 핑계로 대수롭지 않게 살았지만 '더 이상은 연단에 서는 것을 어렵게 하는 생각에 묶여 살 수 없다'는 마음의 변화가 생겨 필자를 찾아오게 되었다고 털어놓았다.

학창 시절에 겪은 에피소드 하나가 훗날 이렇게까지 발표불안의 큰 원인이 될지 소년 A 씨는 정말이지 몰랐을 것이다. 상담을 마치고 본격적으로 '발표불안 치유과정'에 들어간 A 씨는 호흡훈련과 명상, 생각 버리기와 묶인 몸 풀기 훈련을 통해 조금씩 개선이 되었고, 필자는 A 씨에게 본인의 솔직한 얘기를 청중에게 털어놓을 것을 권했다. 처음에는 손사래를 치며 그렇게는 못 하겠다고 하던 그가 어떤 마음의 변화가 생겼는지 어느 날은 한번 해 보겠다고 했고, 필자는 기회를 보아 수강생들 앞에서 발표할 수 있도록 자리를 마련해 주었다.

"발표불안증을 이기는 호흡명상."

그는 자신의 경험담과 3개월간 거의 매일 실천한 호흡명상법을 엮어 훌륭한 발표문을 만들었다. 그리고 자신처럼 발표불안증을 겪고 있는 또 다른 수강생들에게 희망의 메시지를 들려주었다.

"여러분, 저는 오랫동안 발표불안으로 힘들어했습니다. 대체 그 원인이 어디에 있는지 모르고 계속해서 다른 사람들과 비교하며 제 자신을 자책하고 원망해 왔습니다. 그런데 최효정 박사님과 스피치 멘토링을 진행하면서 아주 심도 있게 제 자신을 돌아볼 수 있었습니다. 저의 발표불안 원인은 사실 아주 오래된 사건 하나에서부터 시작되었다는 것을 알게 되었습니다…. (중략)

여러분! 발표불안의 늪에서 빠져나오는 방법은 아주 쉽습니다. 과거에 미처 만나 주지 못했던 우는 아이를 찾아 화해하세요. 이제 그만 보내 주세요. 그리고 오늘부터는 하고 싶은 말을 신나게 하는 자신의 모습을 상상하세요. 트레이닝을 통해 방법을 익히고, 배운 것을 실천할 수 있는 상황을 만드세요. 실전 경험을 하듯이 자주 리허설해 보고, 실전 스피치를 마치고 나면 꼭 피드백을 받아 고치도록 해보세요. 말하는 기쁨이 얼마나 큰지 여러분도 곧 알게 될 것입니다."

발표가 끝나자 사람들은 모두 일어나 박수와 환호로 화답했고, 그 순간 A 씨의 얼굴은 누구보다 행복해 보였다. 발표불안을 이기고 당당히 청중들 앞에서 성공사례를 들려줄 그다음 주인공은 바로, 당신이다.

발표불안증 경험 나누기

 발표불안증을 느껴 본 적이 있는가? 언제, 어떤 자리에서, 어떻게 느꼈는가? 경험담을 적어 보고 발표해 보자.

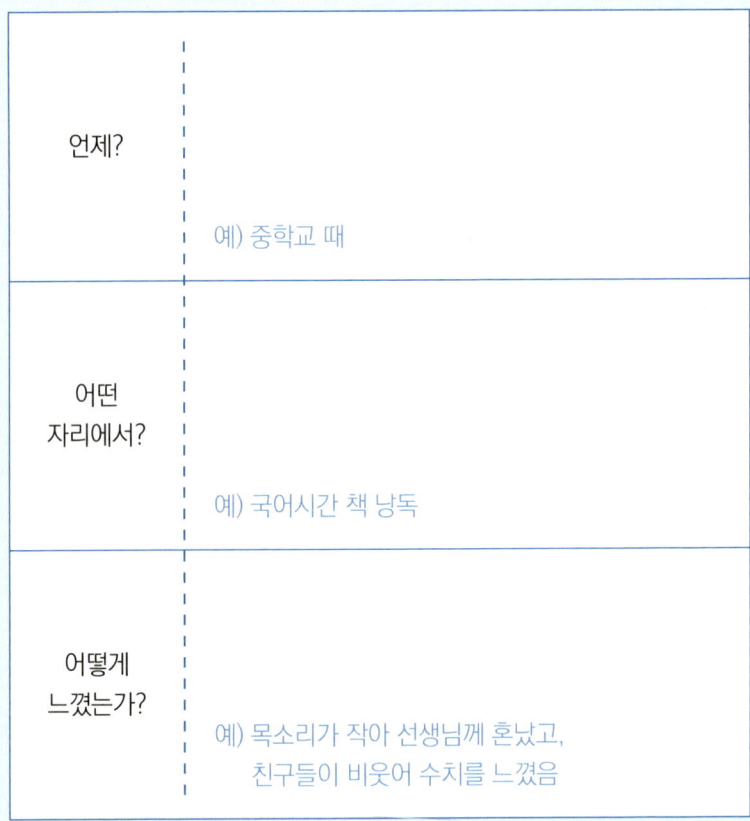

4
주근깨 법칙!
카메라 앞에서도 문제없다

　언택트 시대의 미디어 주체들은 우리 자신이다. 우리는 이미 뉴미디어(New-media), 트랜스미디어(transmedia) 시대를 살고 있다. 현장형 연단은 점차 사라지고 미디어를 통한 말하기가 늘어난 지금 '미디어 스피치(Media speech)'의 정의는 무엇일까? 정보를 전송하는 매체, 중간에 자리하여 사이를 매개하는 미디어(Media)와 공식적인 스피치를 뜻하는 퍼블릭스피치(public speech)의 합성어를 말한다. 또한, '언택트 시대, 미디어를 통한 공적 말하기'를 뜻한다. 그렇다면 지금의 미디어 스피치에서는 무엇이 중요할까? 이번 장에서는 연단 대신 카메라 앞에 서서 스피치를 펼쳐야 할 리더들에게 꼭 필요한 훈련을 알아보자.

　전통적 수사학 모형인 아리스토텔레스의 수사학 요건을 살펴보면, 상황(Occasion), 연사(speaker), 발언내용(speech), 청중

(Audience), 발언효과(Effect)인데 여기서 말하는 청중이란, 눈앞에 보이는 사람들을 뜻한다. 그러나 이제 당신 앞에 있는 청중은 '카메라 렌즈'이다. 눈빛도 호흡도 감정도 없는.

그렇다고 청중이 사라진 건 아니다. 오히려 더 많은 청중이 당신의 메시지를 보고 들을 수 있게 되었다. 비대면 스피치에서도 여전히 리더의 발언은 영향력이 있고 공적 스피치로서의 형태를 갖추고 있지만 청중의 몸이 보이지 않는 것이 어쩐지 연사에게는 낯선 장면이다. 이제 누군가 눈앞의 청중에게 메시지를 전달하는 행위 자체가 중요한 시대에서 스피치의 메커니즘이 변화된 세상이 되었다. 라스웰(Lasswell Formula)의 공식처럼 메시지 그 자체도 중요하지만 '어떤 채널을 통해말하는지'도 중요한 시대가 되었기 때문이다. 전통미디어(Legacy media)와 뉴미디어(New media)의 변화에 따라 우리가 펼쳐야 할 전략적 화술(話術)에도 새로운 배치가 필요했다.

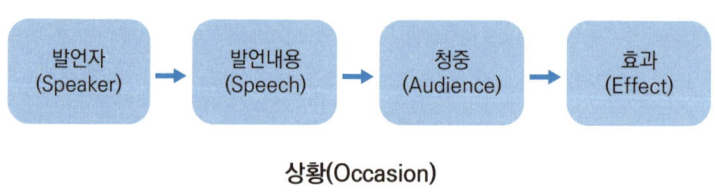

아리스토텔레스의 수사학 모형

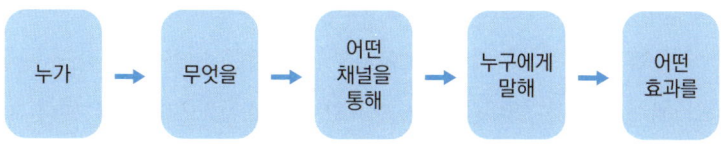

라스웰의 공식(Lasswell Formula, 1948)

　기존 연단스피치에서 무대장악력(showmanship)은 매우 중요한 요소였다. '전달력'은 청중이 연사의 말을 경청하게 만드는 중요한 기술이었고 청중을 집중시키는 전략의 한 방법이었다. 따라서 시원시원한 목소리와 제스처, 몸짓표현은 스피치 훈련에 있어 필수였으며 '무대의 활용'이 무엇보다 중요했다. 청중의 시선은 공기처럼 흩어있는 에너지장을 뚫고 연사에게 집중되어 있었기 때문이다. 마치, 스크린 속 영화에 집중하고 있는 관객처럼. 그러나 대부분 평범한 일상을 살던 연사들에게 이 '무대'는 자주 경험하지 않은 특별한 현장(field)이었고, 이때부터 낯선 상황에서 연출되는 긴장감이 연단공포를 낳았다.

　그래서 연사들은 일종의 이미지 트레이닝(image training)까지 훈련받아야 했다.

　그러나 이 모든 상황은 한순간에 바뀌었다. 라스웰의 공식처럼 '채널'이 바뀐 것이다. 스피치의 현장(field)이 미디어로 바뀌게 되었다. 또는 실제와 미디어를 둘 다 활용하게 되었다.

　이렇게 되면 스피치에 있어 다른 어떤 요소보다 주목받는 것은 콘텐츠(contents) 자체이다. 이를 빼놓고 발표불안 극복이나 표현법에 치중할 수는 없게 되었다. 이제부터는 짧은 말을 하더라도 콘텐츠의 핵심이 잘 드러나도록 스피치의 구성법을 신경 써야 했다. 이게 '미디어 스피치(Media speech)'의 특성이다. 한번 발언한 내용(speech contents)은 모두 기록되고 저장될 수 있다. 그뿐만 아니라 편집이 가능하다. 주어와 핵심어 몇 개만 생략되어도 말의 프레임(frame)이 바뀔 수 있다. 이제 리더의 공식적인 말은 오래도록 기억되고 편집될 뿐만 아니라 뉘앙스가 다른 의미로 얼마든지 해석할 수 있게 되었다. 어떤가, 지금 리더 스피치에서 가장 중요한 부분은 바로, '발언 자체(contens)'이다.

1 주근깨 법칙

말하기의 정리가 필요할 때 내용구성법의 기본 공식 주장-근거-깨달음을 기억하라. 필자는 이를 '주근깨 법칙'이라 부른다. 먼저, 전하고 싶은 내용의 주장을 말하라. 자신의 생각을 한마디로 명료하게 정리하는 것이다. '나는 ○○에 대해 이렇게 생각한다'라고 결론 부분을 먼저 말함으로써 듣는 사람들에게 직관적인 자기 의견을 전할 수 있다. 또한 불필요한 말이 생략됨으로써 정확한 뜻을 표출할 수 있다. 그러려면 평소 '생각정리'의 과정을 거쳐 자신의 소신과 철학이 묻어나는 말하기를 추구해야 할 것이다. 또한 이것은 평소의 독서와 사색을 통해 만들어진다.

말의 첫 부분을 두괄식으로 분명하게 시작하면 확신에 찬 말이 되기 때문에 군더더기 없고 분명한 인상을 남길 수 있다. 다음으로는 근거를 마련하는 단계이다. 두괄식 말하기 방법은 소신 있고 명확한 말하기가 된다는 점에서 장점이 많은 말하기 방법이지만 자칫 설명 없이 주장만 말하고 끝낸다면 오히려 오해를 불러일으킬 수 있다. 따라서 주장에 대한 덧붙임과 세부내용을 말하는 단계가 이어져야 하는데 사례, 지표, 근거가 될 수 있는 설명 등이 이에 해당된다. 주제에 따라서는 명언이나 명구, 문학적 표현이나 미사여구도 쓰여질 수 있다.

이것만으로도 말의 체계는 잡힌다. 하지만 여기서 마지막 한 수를 더한 것이 바로, 깨달음의 단계이다. 필자는 '깨달음'이라 표현했지만 소감, 소회, 느낀 점, 매듭짓고 싶은 인사말씀 등으로 해석해도 무관하다. 가끔 말을 하다 보면, 스스로 생각해도 어물쩍 말의 아쉬움이 있을 때가 있는데 이때에도 실망하지 말고 끝까지 진심 어린 말로 매듭지어 보길 바란다.

만남이란 어떻게 시작하느냐도 중요하지만 어떻게 끝내느냐도 중요하지 않은가. 말은 인연을 만들고 여운을 남긴다. 어떻게 마무리하냐에 따라 기억되는 여운이 다르다. 따라서 필자가 강조하는 끝마무리 방법은 '땡큐'를 잊지 않는 것이다. 말 그대로 감사하다는 말을 잊지 않는 것, 이야기의 가장 마지막에 "지금까지 저의 이야기를 경청해 주셔서 감사합니다" 하고 정중하게 인사하는 것을 잊지 말자. 이것은 뻔한 조언이 아니라 당부하고 싶은 말이다. 화려한 말은 없었어도 '그 사람 참 사람이 됐더군' 하는 인상을 남기는 것은 역시 마지막 인사에 달렸다. 자, 그럼 '주근깨 법칙'을 상기시키면서 말하기 연습을 해 보자.

주근깨 법칙 구성하기

주장-근거-깨달음 순으로 발언을 작성해 보자.

주장	
근거	
깨달음	

5
리더의 스피치 SWOT 분석

　스피치에서 무엇보다 중요한 건 메시지의 내용(contents)이라는 것을 알았다. 그렇다면 화술(話術)은 어떻게 준비해야 할까? 말할 내용이 마련되었다면 그다음은 '전달력'이다. 성공적으로 잘 전달되기 위해서 고려되어야 할 것들이 있는데 가령 공식적인 장소(Official Space)인지 비공식적인 장소(Informal Space)인지, 서서(Standing) 말해야 하는지, 앉아서(Sitdown) 말해야 하는지 등 스피치의 목적과 취지에 따라 전략이 달라져야 한다. 이것은 마치 음식을 담는 그릇에 따라 내용물과 음식량이 달라져야 하는 것과 같은 이치인데 음식 자체가 아무리 훌륭하다 해도 맛깔스럽게 표현해 낼 때 가치를 더하는 것과 같은 이치다. 그러기 위해서는 내용을 표현해 낼 연사 스스로 점검해 보아야 한다.

미디어 스피치(Media Speech)는
공식적인 자리(Official Space) 혹은
비공식적인 자리(Informal Space)에

서서(Standing) 혹은
앉아서(Sitdown)
청중을 위하여(For the Public)
목적형 스피치(Purpose Speech)를 행하는 것

어떤 계기가 되었을 때 사람들은 자기점검(Self-monitoring)을 하게 되는데 주로 객관적 평가를 앞두고 있거나 타인 앞에 서서 말해야 할 때 그렇다. 꼭 서서 말하는 스피치가 아니더라도 중요한 사람과 대화할 때, 면접 볼 때, 비즈니스 협상 후 '방금 내가 말을 잘 한 걸까?' 하고 자신의 말과 행동을 점검해 본다. 스피치 능력이 꼭 필요한 직업군이 아니라면 웬만해선 자신의 말을 분석해 보고 골똘히 생각해 보는 일이 자주 있지 않은데 이번 기회에 '말하는 나 자신'에 대해 생각해 보자.

《서울대 말하기 강의》의 저자 유정아는 '말하기란 자아를 생각해 보는 것'에서부터 시작된다고 설명했다. 말을 하기 전, 자신과의 소통(intrapersonal communication)이 우선인 것이다. 내가 어떤 사람인지 인지하는 과정(self-concept)에서 세 가지가 고려되어야 한다는데 그것은 주관적 점검과정, 타자(significant other)의 평가, 객관적인 점검과정이다. 그러나 확증편향(confirmation bias)에 빠지는 것을 경계해야 한다. 부모나 선생님으로부터 받은 칭찬과 비난을 객관적 점검과정 없이 '맞아, 나는 그런 사람이야'라고 생각하는 것을 심리학에서 '거울 속에 비친 자아(looking glass self)'

라고 하는데 이는 스피치 훈련과정에서도 고스란히 드러난다. 타인의 평가를 지나치게 신경 쓰는 것이다. 기억해 두자. 타자의 평가만이 전부는 아니다. 타인과 나, 객관적인 점검과정, 이 세 가지를 근거로 '나도 알고 남도 아는 열린 자아(open self)'가 되도록 노력하자. 그래야 두려움 없이 스피치 훈련에 임할 수 있고 스피치를 통해 성장할 수 있다.

1〉 스피치 SWOT 분석

나의 말하기 과정을 점검해 보기 위해서는 우선, 강점과 약점을 적어 보아야 한다. 우리는 글쓰기를 할 때 비로소 외부로 뻗어 나간 마음을 내부로 돌릴 수가 있다. 글을 쓰는 동안 마음을 집중해야 하고 사색에 빠져들게 해야 한다. 간혹 생각을 정리하는 과정 없이 '임기응변식 말하기'를 훈련하기도 하는데 이는 자신감 스피치 훈련의 한 방법으로서 초보에게는 이 방식을 추천하지 않는다. 왜냐하면 내용준비가 덜 되어 있는 초보자에게는 할 말이 생각나지 않을 때 머릿속이 하얘지는 등의 부정적인 경험에서 되레 역효과가 날 수 있기 때문이다. 따라서 초보연사라면, 말하기를 위한 과정으로 '글쓰기'를 함께 병행하는 것을 권장한다. 말하기란 곧 정리된 생각을 언어로 표출하는 행위이고, 글쓰기를 통해 생각 정리를 해 나갈 수 있다.

첫째, 나의 말하기 **강점**을 먼저 적어 보자.

어휘력과 언어구사력, 전달력, 표현력, 목소리의 안정성, 매력 등 평소 타인을 볼 때 장점으로 보였던 요소 가운데 내게 해당되는 항복을 적어 보면 된다. 둘째, 나의 말하기 **단점**이 무엇인지도 적어 보자. 말이 너무 많은 것, 반대로 말수가 너무 적은 것, 말을 더듬는 것, 내용이 산만하게 전개하는 것, 목소리가 너무 작거나 큰 것, 발음이 부정확한 것, 지루하거나 반대로 어조의 기복이 큰 것 등 단점을 적어 보면 무엇을 고쳐야 하는지가 명확하게 보인다.

다음으로 작성해야 할 부분은 셋째, **기회요소**와 넷째, **방해요소**이다. **기회요소**는 '만약 스피치 능력을 업그레이드시킨다면 내게 어떤 기회가 주어질 것인지'를 적어 보는 단계이다. 상상만 해도 기분 좋지 않은가? 한층 더 성장해 있을 미래의 내 모습이…! 이보다 더 강력한 이미지 트레이닝 및 동기부여가 또 어디 있겠는가, 훗날 타인 앞에서 당당히 말할 자신을 떠올리며 변화된 모습을 적어 보자. 이미 성공한 프로젝트에 한 발짝 다가서는 기분을 느낄 수 있을 것이다.

마지막으로 방해요소란, 야심차게 마음먹고 말하기 공부에 몰두해 보려고 하는데 생각지도 못한 물리적, 정신적 방해요인이 생길 수도 있다. 그것을 미리 예상해서 적어 보는 것이다. 어렵게 용기도 냈고 여건도 마련해 놓았는데 '해 봤자 고쳐지겠어?' 하는 부정적인 생각이 스멀스멀 기어오르기 시작한다면 당신은 어떻게 극복해 나가겠는가?

어떤 경우가 당신의 이 거창한 프로젝트를 방해할 수 있을지 상상해 보라. 갑자기 가족을 보살펴야 하는 일이 발생할 수도 있고, 생각지 못한 출장이나 갑작스런 업무가 추가될 수도 있다. 세상이 참 그렇다. 평소에는 별일 없다가도 무언가 마음먹고 뭘 좀 해 보려 하면, 희한하게 없던 일도 발생한다. 그러나 너무 걱정하지 말자. 이렇게 발생할 수 있는 방해요소를 적어 보는 것만으로도 이미 대처할 수 있는 마음의 힘을 기르는 것이니까…. 또 무엇이든 극복하고 넘기는 순간 더 큰 기회가 오지 않던가! 스피치 공부를 방해할 만한 요인은 얼마든지 발생할 수 있다고 생각하자. 만약 그렇더라도 이번에는 끝까지 완주할 것이다. 자신을 믿고 실행에 옮겨 보자.

미디어 스피치를 실행하기 위한 전략

○○○의 말하기 분석

나의 말하기는 어떤가? 강점과 약점을 적어 보자.
스피치가 개선된다면 어떤 기회가 생길지에 대해 적어 보자.
스피치 개선을 하고자 할 때 방해되는 요소에 대해 적어 보자.

Strength(강점)	Weakness(약점)
1.	1.
2.	2.
3.	3.
Opportunity(기회)	**Threat(방해요소)**
1.	1.
2.	2.
3.	3.

1. Strength(강점)
→ 나의 강점 분석을 통해 긍정적 마인드를 키우고, 자신감 넘치는 스피치를 구사한다.

2. Weakness(약점)
→ 나의 약점 분석을 통해 개선점을 찾아 강점으로 전환하기 위한 것으로서, 스피치 발전가능성을 객관화할 수 있다. 이를 통해 스피치 역량강화 전략을 수립한다.

3. Opportunity(기회)
→ 스피치 능력 향상을 통해 나에게 찾아올 기회의 요소를 예측한다.

4. Threat(방해요소)
→ 스피치 학습을 방해하는 요소를 미리 발견하여 선제적 차단 전략을 수립한다.

발표불안 응급처치

1️⃣ '잘해야 한다'는 생각 뒤집기

자기암시만큼 좋은 훈련은 없다. 주문을 외우면서 긍정적인 생각을 가져 보자. 그럼에도 불구하고 긴장이 지속된다면?

역설적으로 생각을 뒤집어라.

'에라, 모르겠다. 그냥 실컷 떨려 보자'라고…!

'절대 긴장해서는 안 돼'라는 생각 때문에 더욱 긴장하게 된다. 따라서 생각을 뒤집어라. 생각은 자유라고 하지 않았나, 얼마든지 생각을 비틀어라.

'실컷 떨다 내려오자!'라고 생각하면 오히려 심리적으로 안정이 되어 걱정했던 것보다는 편안하게 스피치를 마칠 수 있을 것이다.

2️⃣ 첫마디를 미리 준비하기

'시작이 반'이라는 속담이 있듯, 첫마디 말이 잘 풀리면 점차 긴장이 줄어들고 말의 흐름을 이어 가기가 한결 쉬워진다. 대체로 긴장감은 연설의 첫 부분에서 가장 심하게 고조되므로 연설의 첫 부분, 젤 처음 시작하는 말을 여러 번 연습해 두자. 아무리 긴장되어도 연설 시작 후 30~60초가 지나면 긴장감은 급격히 감소되기 마련이니 도입부를 잘 준비해 두자. 든든한 무기가 될 것이다. 실전 스피치의 첫마디는 무엇이든 좋다. 가벼운 인사말도 좋고, 날씨에 대한 언급도 좋다. 청중에게 가볍게 질문 하나 던지는 것도 좋으니 꼭 본론과 관련된 내용이 아니더라도 편하게 꺼낼 수 있는 첫마디를 준비하자. 긴장감도 줄어들고, 청중에게는 밝은 첫인상을 남길 수도 있을 것이다.

3 연단에 오르기 전, 스트레칭하기

연단에 오르기까지 잠깐의 시간이 날 것이다. 행사가 시작되기 전이나 앞 순서가 진행 중일 경우, 순서를 기다리는 동안 간단한 스트레칭을 해 보자. 앉아서 기다리고 있다면, 주먹을 쥐었다가 펴는 등의 손 스트레칭을 해 볼 수가 있겠고, 어깨를 풀거나 목 스트레칭을 하는 것도 긴장을 푸는 방법이다. 또, 시간적인 여유가 좀 더 있다면 잠시 걸어 보는 것도 좋다. 다리의 긴장감이 풀리면 에너지가 생기고 오히려 기대감으로 바뀔 수도 있다. 그리고 보면 긴장이 반드시 나쁜 것만은 아니다. 연단에 오르기 전, 스트레칭을 통해 활력을 얻어 보자.

④ 호의적인 청중을 보고 말하기

초보연사일수록, 긴장이 되면 표정으로, 목소리로 긴장감이 표출된다. 그래서 자신의 불안한 모습을 청중에게 들킬까 봐 걱정하며 더 긴장하는 경향이 있는데, 실제로 그런 걱정은 기우일 뿐이다. 의외로 연사의 불안함은 자신이 생각하는 만큼 크게 드러나지 않는다. 청중들은 연사의 '떨림'에 대해 크게 집중하고 있지 않기 때문이다. 하지만 막상 연단에 섰을 때에도 긴장감을 제어할 수 없다면, 청중 가운데 '호의적인 청중' 한 사람을 빠르게 찾아라. 아는 사람이든 모르는 사람이든 상관없다. 호의적인 눈빛을 보내 주고 있는 사람, 미소를 짓고 있는 사람, 관심 있게 바라봐 주고 있는 사람이면 된다. 호의적인 청중 한 사람을 보며 연설을 시작하는 것도 긴장을 완화시키는 최적의 방법임을 기억하라.

⑤ 긴장될수록 적정 속도 지키기

긴장할수록 말이 빨라지는 것을 느껴 본 적이 있을 것이다. 심리적인 압박감에서 비롯된 불안정한 호흡 때문인데, 연단에서 자주 말을 버벅거리거나 너무 빨라 속도 제어가 안 되는 경우, 반대로 말이 너무 느리게 전개되는 것 모두 긴장하면 나오는 증상이다. 그러나 그럴수록 적정 속도를 지켜야 한다. 말의 적정 속도는 어느 정도일까? 통계에 따르면 대략 1분에 350자 정도인데 이는 일반적으로 너무 빠르지도 느리지도 않는 정도의 속도로 들리니 연습하는 과정에서 원고를 낭독해 보고 시간을 재 보면 금방 감이 잡힐 것이다. 평소 낭독 연습을 할 때 느리지도 빠르지도 않게 차분히 연습해 두면 실전 상황이 되었을 때 '엇 지금 연습 때보다 분명 빨라지고 있다'라고 스스로 알아차릴 수 있게 된다. 이렇게 연단에 오르기 전 원고낭독은 사전 준비과정에서 필수이니 꼭 실행해 보고 적정 속도에 대한 감을 익혀 두자.

리더의 스피치

Part 2
내용 구성이 핵심이다

1
말하는 이, 듣는 이, 말할 내용

스피치의 3요소는 무엇일까?

연사, 청중, 내용이다. 연사와 청중이 없는 현장은 스피치 현장이라 볼 수 없고 전할 내용이 없다면 그 역시 공식적인 연단스피치라고 볼 수 없다. 따라서 연단스피치에서는 반드시 세 가지 요소가 고려되어야 하는데 바로 연사, 청중, 내용임을 기억하고, 각각의 요소를 알아보도록 하자.

1} 말하는 이

연단에 서서 연설을 주도하는 사람을 말한다. 가끔, 연사 중에서는 원고만 준비되면, 연설에 관한 모든 준비를 마쳤다고 생각하는 사람이 있는데 그것은 큰 오산이다. 연설이란, 연사가 주제를 가지고 청중에게 전하는 모든 과정을 뜻하기 때문이다. 연사는 연설에서 주체이자 전달자이고, 주인공이다. '내용'도 중요하지만 연사 자신이 곧 연설의 핵심이라는 것을 잊어서는 안 된다. 말은 글의 과정처럼 '사고하기'와 '판단하기', '오류점검' 과정을 자유자재로 오갈 수 있는 것이 아니다. 말로 표현하는 메시지는 연사의 등장과 동시에 청중에게 각인시키고, 그 이미지는 강력하게 남는다.

그렇기 때문에 연사는 메시지의 전달자가 되는 노력과 동시에 좋은 이미지 메이커가 되어야 한다. 연사의 외적 이미지, 내적 이미지, 사회적 이미지는 때론 메시지 자체보다 더 강력한 효과를 동반한다. '누가(who) 말하는지'가 내용을 압도하는 경우이다.

(1) 음성 훈련을 게을리하지 말라

스피치의 내용은 연사의 '목소리'를 통해 청중에게 전달된다. 연설을 총괄하는 스피커로서 연사는 좋은 음성을 가지고 있어야 한다. 이는 훌륭한 연주를 위해 악기 관리를 잘해야 하는 것과 같은 맥락이다. 코칭을 해 보면 가끔 수강생 가운데 음성 훈련에는 별다른 인식이 없는 경우가 더러 있는데, 이것은 목소리가 전달력에 미치는 영향을 제대로 알지 못해서다. 막상 훈련에 들어가고 트레이닝이 시작되면 마치 녹슨 악기가 윤이 나고 제대로 된 소리를 찾아가는 것처럼 금방 효과가 나타나는 것을 알 수 있다. 이때, 음성에 따라 전달되는 뉘앙스가 다르다는 사실을 확인하고 나면 그때부턴 학습자 스스로가 음성훈련에 흥미를 가지고 부지런히 임하게 된다. 음성훈련은 꼭 예쁜 목소리를 만들기 위해 하는 훈련이 아니다. 사람은 각기 다른 음성의 특징들이 있고, 개성이 잘 드러나도록 하되, 깨끗하고 깊이 있는 목소리로 만들어 가는 과정이 보이스 트레이닝이다. 안정감이 있고 목소리 운용이 자유로우면 목소리만으로도 훌륭한 표현력을 나타낼 수 있다. 또한 신뢰감과 호감을 동시에 높일 수도 있다.

하루 5분. 낭독연습만 해도 목소리에 힘이 생긴다. 이 책의 제4장에서는 보이스 트레이닝을 집중적으로 다루고 있으니 참고하여 꼭 연습에 매진해 보길 바란다.

(2) 연사의 이미지는 곧 연설의 분위기다

연사의 이미지는 연단에 들어서는 동시에 읽힌다. 어쩌면 연설을 시작하기도 전에 이미 그 분위기가 청중에게 전달된다. 앞서 말했듯이 연사는 곧 연설의 주체이기 때문이다. 연사는 복장을 통해서, 신체표현을 통해서 끊임없이 메시지를 나타내고 청중에게 뉘앙스를 전달한다.

연설을 한 보름쯤 앞두고 있다면 필자는 '내용 만들기'에 열중하라고 말하고 싶다. 만약, 닷새쯤 앞두고 있다면 음성 훈련을 부지런히 해 두라고 조언하겠다. 하지만 내일이 D-Day라면 복장, 두발 등 이미지 점검을 하라고 말할 것이다. 덧붙여서 거울을 보고 웃는 연습을 해 두라고 조언할 것이다. 그만큼 이미지 역시 중요하기 때문이다.

그렇다면 당신은 호감 가는 이미지인가?

연단에 서 있는 당신의 모습을 상상해 보라. 청중들이 당신의 등장을 보고 당신이 하는 말에 신뢰를 가질 수 있을지 말이다. 혹시

"YES"라고 답하기 어렵더라도 실망하지 말자. 지금부터 '좋은 이미지'를 만들어 나가면 된다. 좋은 이미지를 만들라는 말이 꼭 예쁜 옷을 입고, 화장을 좀 잘하라는 말로 해석하면 곤란하다. 외적 이미지 개선도 중요하지만, 내적 이미지에서 얻는 신뢰감도 중요하다. 이것을 '셀프 파워'라고 한다. 흔히들 '내공이 느껴진다'라고 표현하는데 눈빛, 목소리의 느낌, 지식의 정도에 따라 자연스럽게 표출되는 아우라다. 당신은 어떤 이미지를 갖고 싶은가? 필자가 권하는 이미지 트레이닝 중 최고의 방법은 바로 거울을 보고 '눈빛 연습'을 하는 것이다. 눈이 괜히 마음의 창이 아니다. 자신감이 있고 당당한 사람에게선 깊고 맑은 눈빛을 엿볼 수 있다. 매일 거울을 들여다보는 것에서부터 눈빛 연습을 시작해 보자. 한편 지위나 자리에서 오는 이미지 파워를 '포지션 파워'라고 하는데 이는 연설을 진행하는 사람이 '누구'냐에 따라 영향력이 달라지는 것을 전제로 하는 얘기다.

　연사의 이미지 개선을 위한 조언을 정리하면 다음과 같다.

　첫째, 외적 이미지 관리로 연설자의 매력을 높여라. 둘째, 내적 이미지 관리로 연설자의 품격을 높여라. 셋째, 자신의 직위와 직급에 맞는 언어구사력으로 연설의 신뢰감을 높여라. 본문 4장, 5장에서는 연사를 위한 신체표현과 제스처, 매력 부문을 기술하고 있으니 참고하여 당당하고 자신감 넘치는 자신만의 이미지를 구축해 나가길 바란다.

"좋은 연사는 타고나는 것이 아니라 거듭나는 것이다."

2 듣는 이

　청중은 연설의 목적 그 자체이다. 그들로 하여금 공감하게 하고 그들을 설득하는 것이 연설의 궁극적인 목적이므로 청중을 빼놓고 연설을 말할 수는 없다.

　청중의 정의는 무엇일까? 연설이나 강연, 설교 등의 메시지를 듣기 위해 모인 사람들을 말하는데 개인이 모여 군중을 만들고 연설을 통해 동(動)하게 만들어야 하는 핵심 주체들을 말한다. 연사의 입장에서 보면 애초부터 연설을 기획하게 된 동기와 목적이 곧 그들이다. 미디어의 발달로 지금의 스피치 현장에서는 눈앞의 청중이 보이지 않는다고는 하지만 그렇다고 청중이 없어진 것은 아니다. 군중이 모여 연설을 듣던 시대에는 '말은 곧 발이 전한다'고 했을 정도로 누군가들이 듣고 어디론가 가서 퍼뜨려지는 게 연설의 효과였지만 이제 청중은 어디선가 듣고 쥐도 새도 모르게 퍼뜨리고 다닌다. 손가락으로 순식간에 지구촌에 메시지를 나를 수 있게 되었다. 청중은 그래서 말을 운반하고 행사하는 힘을 가지고 있다. 따라서 연사로 서기 위해서는 청중을 공부하지 않으면 안 된다. 청중이 누구인지, 무엇을 원하는지, 무엇에 반응하는지에 대한 이해 없이 연단에 서게 된다면 당신이 의도한 목적 달성과는 다른 방향으로 흘러갈 수 있다.

　하지만 너무 어려워하지는 말자. 당신도 누군가의 청중이지 않았던가. 청중은 '무조건 연사의 말을 듣지 않겠다'는 방어적 태도로 앉아 있는 사람들이 아니다. 청중 역시 좋은 연설을 듣고 싶고 자신들의 삶에 유익이 있기를 바란다. 그래서 시간을 내어 당신의 이야기를 듣는 것이다. 다만, 청중을 알고 연단에 서야 한다는 말은 개인으로서의 '듣는 이'가 아니라, 다수에 속해 있는 군중(crowd) 속 청중을 이해하라는 것이다. 다시 말해 '군중심리(crowd mind)'를 알아야 한다는 말이다. 예컨대, 불이 난 곳에서 누군가 "불이야!"라고 외치면 따라서 "불이야"라고 외치게 되는 것, 다수의 사람들이 박수를 치면 따라서 치게 되는 등의 군중 속 행동심리, 개개인의 판단보다는 군중의 판단을 믿고 따라서 하게 되는 행동패턴, 연사는 자신이 청중일 때 경험해 본 군중심리를 이미 잘 알고 있다. 그래서 연사는 더욱 긴장하게 되는 것이다. 청중의 반응을 두려워하고 미리 걱정하는 경우가 많은데 '청중분석(audience analysis)'을 통해 이를 극복해 보자.

　당신의 청중은 누구인가? 청·장년인가, 노인인가, 청소년인가, 남성인가, 여성인가. 직업분포는 또 어떤가. 불특정 다수인가?
　연설이 확정되었다면, 가장 먼저 할 일은 바로, 청중을 파악하는 일이어야 한다. 청중 수, 연령, 성비(性比), 청중 그룹의 특성 등 청중에 대한 정보는 물론 그들의 필요(Needs)를 먼저 알아야 한다. 강의를 요청받거나 행사의 경우라면 사전에 청중의 정보를 제공받게 되겠지만 그렇지 않은 상황이라면 연사 스스로 자신의 이야기를 들을 대상을 연구해야 한다.
　혹 불특정 다수라 하더라도 대략적인 청중 수나 장소, 물리적 요건들을 사전에 파악해 두도록 하자. 연설은 청중과의 관계 맺기라는 사실을 잊어서는 안 된다.

"좋은 연사는 청중을 친구로 여긴다."

청중분석(Audience analysis) Tip

청중분석요소	내용
1. 청중의 수, 연령, 직업, 성향, 청중이 있게 될 장소, 연설의 시간 등의 물리적 요건 →	연설의 규모와 전체 내용에 영향을 미침
2. 청중의 목적, 요구, 필요사항과 같은 니즈(needs) 파악 →	연설의 목적과 솔루션, 결과에 영향을 미침
3. 청중의 사회적 위치, 교육수준, 이해 정도 →	내용의 난이도와 구성에 영향을 미침
4. 청중이 주로 남자일 경우 →	시각자료, 객관적인 통계자료나 데이터 위주의 분석, 논리적인 전개, 시작과 종료시간을 잘 지킬 것, 명확한 핵심 전달, 정보, 지식 활용
5. 청중이 주로 여자일 경우 →	영상자료나 데이터보다는 사례 중심, 공감할 수 있는 스토리라인, 감성적인 전개, 참여를 유도하는 질문기법, 여운을 줄 수 있는 마무리
6. 청중이 청소년이라면 →	이슈가 되고 있는 연예인, 유행어, 게임, 최신 가요 등 최근 트렌드에 맞춰 도입 준비, 짧지만 강렬한 메시지 위주, 동기부여가 중요함, 주제: 진로진학, 리더십

청중분석요소		내용
7. 청중이 대학생, 청년이라면	→	최근 이슈와 트렌드를 바탕으로 사례나 예시를 들 것, 최신 정보를 줄 것, 청년문제에 공감할 수 있는 내용, 대안 제시할 것, 동기부여가 중요함, 주제: 취업, 연애
8. 청중이 장년층이라면	→	7080 음악과 추억을 건드리는 소재의 예시를 준비함, 세대 공감, 일상 스토리, 위로와 나눔이 있는 대안제시, 유익한 내용, 주제: 인간관계, 건강, 리더십, 변화
9. 청중이 노년층이라면	→	쉽고 간단한 전달, 흥이 나는 음악 준비, 재미있는 소재, 유쾌한 진행, 주제: 건강, 유머, 힐링

청중에 따른 실전 스피치 이렇게 준비하자

1) 청중을 분석하라.

2) 청중이 관심을 가질 만한 주제, 도움이 될 만한 주제를 선정하라.

3) 청중에 맞게 이해하기 쉬운 예시나 예화를 준비하라.

4) 청중에 맞는 용어를 선택하고 어휘를 결정하라.

5) 음성, 제스처도 청중의 규모와 특성에 따라 달리 해야 한다.

6) 내용에 따라 예상되는 청중반응을 이미지 트레이닝하라.

7) 일방적인 연설은 NO! 청중을 참여시켜라.

8) 청중과 호흡하려면 적절한 질문들을 준비하라.

9) 청중의 반응을 살펴가며 연설하라.

10) 청중과 커뮤니케이션한다는 생각으로 연설준비를 하라.

3 말할 내용

앞에서 우리는 스피치의 필수요건으로 연사와 청중을 살펴보았다. 연사로 설 준비가 되었고, 청중도 분석했다면 이제 남은 것은 바로 연설의 핵심인 '내용'이다. 설사 내용이 어느 정도 준비되어 있다고 하더라도 '과연 제대로 준비한 게 맞을까?', '준비한 내용을 과연 청중들이 좋아할까?'라고 한번 의구심을 가지게 되면, 금세 자신 없어지게 되는 부분이 바로 '내용'이기 때문에 신중하게 잘 준비해 나가야 한다. 우선, 기준을 세워 보도록 하자.

첫째, 청중이 누구인가?
둘째, 청중에게 필요한 내용은 무엇인가?
셋째, 당신이 청중에게 꼭 하고 싶은 말은 무엇인가?

이 세 가지를 고려하여, 내용의 뼈대를 세워 보도록 하자.
원고를 작성해 본 경험이 많지 않고 논리적으로 말을 펼치는 훈련이 익숙지 않은 연사라면 처음에는 막막한 느낌부터 들 것이다. 그러나 그것 역시 미리 걱정하지 말자. 말할 내용을 준비하다 보면 곧 알게 되기 마련인데 연설에 있어 가장 큰 수혜자는 바로 연사 자신이라는 사실이다. 처음에는 어려워도 위의 세 가지 질문에 답해 보고 기, 승, 전, 결로 메모해 나가다 보면 구슬이 꿰어지듯 어느새 내용이 꿰어져 있을 것이다. 그러다 보면 어느새 지적 탐구심이 생겨 더 좋은 정보를 찾아보게 되고 내용도 점차 발전하게 된다. 선뜻 시도하기가 어려워서 그렇지 막상 이렇게 말할 내용을 만들어 가다 보면 스스로에 대한 대견함과 뿌듯함이 생겨 자신감이 생기게 된다. 연사의 카리스마 넘치는 말하기란 바로 이렇게 '준비하는 과정'에서 만들어지는 것이다. 내용 준비를 하는 동안 계속해서 청중을 떠올려라. 연단에 서서 그들에게 전할 가슴 벅찬 내용들을 자주 상기시켜라. 누군가에게 유익을 제공한다는 생각으로 기쁘게 준비해 나가라. 그리하면 연설준비 과정에서 스트레스를 받기보다, 기대에 찬 설렘으로 성장하는 시간이 될 것이다. 이 책의 2장에서는 내용 구성법을 집중적으로 다루고 있다. 쉽게 적용할 수 있는 원고 구성의 공식과 Tip이 있으니 꼼꼼히 학습하여 이제 당신만의 멋진 연설문을 탄생시켜 보자.

내가 준비하고 있는 연설, 어느 쪽에 가까울까?

1️⃣ 정보 전달형 스피치(Information Delivery Speech)

정보 전달형 스피치란 강의, 업무보고, 설명, 안내 등과 같이 지식이나 정보를 제공하기 위한 스피치 유형이다. 대체로 프레젠테이션 형식을 띠고 있으며, 연사가 수집한 정보나 조사 내용을 바탕으로 진행된다. '정보 전달형 스피치'를 준비하고 있다면 우선, 준비한 내용이 정확한 정보로 이루어져 있는지부터 점검해 보아야 한다. 낡은 정보가 아닌지 재차 확인해 보고 신선하면서도 꼭 필요한 최신 정보를 담아 내도록 하자. 그다음은 준비된 내용을 토대로 알기 쉽고 명확하게 전달될 수 있도록 시각 보조자료를 제작해 보도록 하자. 이때 시각 보조자료는 청중의 눈에 잘 띄면서 핵심내용이 잘 드러날 수 있도록 깔끔하게 배열하고 색상에도 신경을 써야 한다.

내용 구성과 자료(교안)가 완성되었다면 이제 준비한 내용을 자연스럽게 풀어나갈 수 있도록 시각 보조자료를 보면서 실전 스피치를 연습해야 한다. 스피치 코칭을 진행해 보면, 정보 전달형 스피치를 준비하는 연사일수록 전달방식이 딱딱한 경향을 보이는데 반드시 그렇게 해야 한다는 규칙은 없다. 명쾌하게 설명하면서도 또박또박 신뢰감을 주는 목소리로 말하면 딱딱함이 아니라 똑똑한 느낌의 스피치가 될 것이다.

어려운 내용은 쉽게 풀어서 설명하고, 용어의 정의나 뜻을 얘기할 때는 사실 그대로를 담백하게 전달하도록 하자. 또한 주장이나 핵심 내용을 설명하는 단계에서는 적절한 사례를 들어가며 지루하지 않게 말하고 공감할 수 있는 포인트를 준비해야 한다. 청중이 주로 남성일 경우에는 정확한 데이터와 논리적인 분석을 위주로 준비하고, 여성일 경우에는 공감할 만한 예시나 스토리 위주의 예화로 전달해보는 것도 일반적인 스피치의 기술이다.

2 설득형 스피치(Persuasion Speech)

설득형 스피치란, 청중의 생각이나 태도, 행동을 변화시키려는 목적의 스피치 유형을 말한다. 설득은 둘 이상의 견해가 공존하는 상황에서 발행하게 되는 심리적 과정이다. 예컨대, 연사가 주장하는 내용을 청중 대다수는 반대할 수 있다. 이때 연사의 목표는 청중의 생각이 바뀔 수 있도록 자신의 의견을 납득시킬 수 있어야 하는데 이것은 물론 쉬운 일이 아니다. 청중 역시 자신의 가치관이 명확하기 때문이다. 그래서 설득의 과정은 쉽지 않고, 설득을 목표로 연설을 한다면 연사의 메시지를 지지하는 청중과 반대하는 청중, 중립적 입장의 청중과 직면하게 될 것이다. 이런 경우 연사는 먼저, 청중이 이야기 자체에 경청하는 것을 1차 목표로 삼아야 한다. 이는 '화두'를 어떻게 던지느냐에 달려 있고, 각자의 입장과는 무관하게 '왜 이 화두에 주목해야 하는가'를 각인시킬 수 있어야 한다. 청중을 집중시킬 수 있는 목소리와 제스처는 이런 상황에 강점으로 작용된다.

청중이 일단 화두에 경청할 수 있게 되면 그다음은 근거를 토대로 사례를 마련하고 공감할 수 있는 부분을 파고 들어가야 한다. 무엇보다 청중에게 유익한 점을 알리고 구체적으로 어떤 이득이 있는지를 설명하는 것, 믿음이 가는 스토리를 마련하는 것도 필요하다. 의식변화를 목적으로 하는 연설이라면, 이성적인 측면과 감성적인 측면의 이야기를 골고루 배치해야 한다. 구성의 마지막 부분에서 짧고 여운을 남길 수 있는 명문장이나 진솔한 한마디를 준비하는 것도 때론 강력한 무기가 된다.

세일즈의 경우라면 논리와 열정으로 청중을 납득시키고, 마음을 움직일 수 있는 결정적인 결과물을 준비해야 한다. 이 밖에도 설득형 스피치에는 정치연설, 소견발표, 군중시위, 강의, 세일즈, 협상 등이 있고 내용구성 방법은 비슷하니 뒷부분 '내용구성 공식' 부문에서 꼭 실습해 보길 바란다.

잊지 말자. 설득에는 반드시 납득할 수 있는 이유가 마련되어 있어야 한다. 이를 위해서는 청중의 유익을 전제로 준비하자. 결국 한 편의 스피치는 청중에게 정성껏 준비한 선물을 전달하는 과정이라는 점을 잊지 말자.

스피커를 위한 자기물음

1) 연설의 목적
　이 연설을 왜 하는 것인가?
　연설을 해서 얻고자 하는 것이 무엇인가?
　이 연설이 청중들에게 어떤 영향을 끼치길 바라는가?

2) 청중
　내 연설을 들을 청중은 누구인가?
　청중들의 참여는 자발적인가?
　청중이 원하는 것은 무엇인가?

3) 자기 확신
　주제에 대한 확신이 있는가?
　내용 준비는 잘 되었는가?
　자신 있게 전할 확신이 있는가?

2

빼고 더하고 지켜라

"말할 내용은 머릿속에 있는데 대체 어떻게 구성해야 될지 모르겠어요. 뒤죽박죽이에요."

초보연사들이 스피치 준비를 하는 데 있어 가장 어려워하는 부분이 있다면, 바로 '내용 구성'일 것이다. '할 말'이 없어서가 아니라, 머릿속에 떠오르는 내용을 어떻게 정리해야 할지 몰라서 생기는 문제인데, 아마도 이것은 SNS 시대를 살아가고 있는 우리 모두의 고민이 아닐까?

이제 우리는 더 이상 손 편지를 나누거나 긴긴 대화를 나누지 않더라도 손 안의 휴대전화만 있으면 온라인에서 네트워크를 형성할 수 있게 되었다. 하지만 이렇게 간편해진 의사소통 방식이 꼭 장점만 있는 것은 아니다. 해시태그(#)의 등장으로 우리는 점점 더 완전한 문장, 완전한 구성으로 생각을 표현할 필요가 없어졌다. 그래서 말은 줄어들고, 맥락은 어디론가 자취를 감췄다. 하지만 이런 부분은 '조리 있게 생각을 전하는가?' 하는 측면에서 볼 때는 우려되는 부분도 있다. 단편적인 생각, 단편적인 말의 습관이 맥락을 건너뛰고 불명확한 의미를 전할 수도 있기 때문이다. 연단스피치를 준비하고 있는 연사라면 이러한 일상의 언어표현 방식과는 다른, 공식석상에서의 '말의 조리'와 내용의 뼈대를 갖춰 가기 위해 고민하게 될 것이다.

말의 조리란 무엇인가. 말의 정리와 배열, 논리적인 전개를 말한다. 정리되어 있지 않은 말은 마치 불필요한 먼지가 쌓인 것처럼 산만하고 핵심을 흩트리게 된다. 그야말로 '횡설수설'이 되는 것이다. 이렇게 되면 청중들은 핵심을 알기 어려운 지루한 말을 내내 듣고 앉아 있어야 할지도 모른다. 그렇게 되지 않으려면 어떻게 말을 구성해야 할까? 지금부터 안내를 따라 해 보도록 하자.

1 빼기: 불필요한 말 삭제하기

(1) 자신의 말을 녹음해 본다

휴대전화 녹음 버튼을 누르고 자기소개를 한번 해 보도록 하자. 주제는 '자기소개'이다. 타이머를 이용해 1분간 진행하는 것을 원칙으로 한다. 미리 써 두거나 한참의 시간을 들여 생각하지 말고, 떠오르는 대로 말을 시작하고 녹음해 본다.

잘하려 하지 말고 일단 지시대로 해 보도록 한다. 평소의 말하기 스타일을 파악하고 말의 특징을 살펴보기 위해서이다.

(2) 들어본다

휴대전화 녹음기능을 이용해 자신의 말을 녹음했다면, 이제 들어보자. 이 책의 제3장 음성 훈련 파트에서는 음성 훈련 목적으로 낭독해 보는 부분이 있는데 지금 이 장에서는 목소리보다는 말의 배열과 스타일을 분석하기 위한 것이니 목소리에 크게 신경 쓰지 말고 들어보자.

(3) 들은 것을 그대로 적어 본다

들은 것을 그대로 적어 보도록 한다. 처음 들었을 때는 가급적 들리는 모든 말을 받아 적어 보도록 한다. 예를 들어 '음, 저, 어, 그게…'와 같이 자신도 모르게 습관적으로 나오는 중간 연결음까지도 모두 옮겨 적어 보자. 일시정지와 재생 버튼을 여러 번 눌러 가면서 자신이 한 말을 모두 적어 놓고 보면 다음에 할 작업인 '말 분석하기'가 가능해진다.

포즈(쉬는 부분)가 3초 이상 이어지면 그것도 '말하는 순간'으로 보고 사선기호 3개(///)로 표기해 둔다. 이 부분이 여러 번 반복된다면 말을 하는 중간에 무의식적으로 멈추는 습관이 있는 것으로 보고, 추후에 고쳐야 할 사항이기 때문에 얼마나 자주 말을 멈추는지 알기 위해서라도 제대로 표기해 두도록 한다.

녹음된 자신의 말, 들리는 대로 적어 보기

(4) 불필요한 말, 습관적인 언어 빼기

말을 녹음해 보고, 들어보고, 들은 것을 글로 옮기는 작업을 해 보았다면 이제 본격적으로 말을 분석해 보자. 말 분석의 첫 시작이 바로, '불필요한 말 삭제하기'이다. '불필요한 말'이란 무엇일까? 첫 번째는 주제나 내용에 있어 관련성이 떨어지는 말이다. 두 번째는 비속어나 은어 등 비공식적인 언어들의 반복이다. 세 번째는 '어…', '저…', '그게…', '음…', '이제', '정말'과 같은 불필요한 습관적 언어다. 글로 옮겨진 말을 들으면서 해당되는 부분들을 지워 보자.

2 더하기

이제, 더하기(+)를 해야 할 차례이다. 어떤 것을 더해야 할까?
말의 뼈대를 세우고, 하고 싶은 말, 해야 하는 들을 골라 더해 나가야 한다. 하지만 제대로 할 말을 더하기 위해서는 정해진 시간에 대한 이해와 말의 우선순위를 세우는 과정이 필요하다.

(1) 청중의 시간을 더해라

화자와 청자의 시간은 같이 흐른다. 연사는 연설의 전체 시간을 잘 계산해야 한다. 질문하는 시간, 청중과 교감하는 시간, 연설의 포즈(쉼, 여유)까지 전체적인 연출을 고려해 보면 애초에 연설문을 읽기만 했을 때보다 더 길어질 수 있다. 그러니 연설 전체를 리허설하듯이 시간 계산을 해 두어야 한다.

이 부분을 고려하지 못한다면 정해진 시간을 더 초과해서 쓰거나 예상치 못한 청중의 반응에 마음이 조급해질 수 있다.

청중에게 질문하는 시간을 더 하기 위해 미리 질문의 유형을 준비해 두는 것도 방법이다. YES or NO처럼 단답형으로 대답할 수 있는 질문들은 흐름이 끊기지 않으면서도 호응을 불러일으키는 데 도움이 될 수 있고 전체를 대상으로 하는 질문이기 때문에 비교적 쉽게 진행할 수 있다. 질문기법으로 청중의 참여도 높이고, 연설에서 청중의 시간을 고려할 수 있는 계획도 세워 보자.

> 청중에게 던질 질문 적어보기

1.

2.

3.

4.

(2) 세 가지로 말하라

아무리 좋은 내용이라 하더라도 끝날 만하면 "아! 맞다! 까먹을 뻔했네? 이거 하나 더 말해 줄게요" 하면서 끝없이 말을 덧붙인다면 어떨까? 시작은 좋았으나 갈수록 지루해지는 연설이 되고 말 것이다. 뭐든지 과하면 아니한 만 못하다는 말을 명심하자. 스피치가 딱 그렇다. 이를 예방하기 위해서는 '3의 법칙'을 기억하라. 연사가 말하고 싶은 메시지를 세 가지로 정리하는 법칙이다. 예를 들어, '건강하게 사는 방법'이 주제라면, '방법'에 대한 솔루션을 세 가지로 말하면 된다. "첫째, 식이요법을 잘해야 합니다. 둘째, 꾸준한 운동을 해야 합니다. 셋째, 숙면을 취해야 합니다"와 같이 말이다. 이때, 첫째, 둘째, 셋째를 꼽아 가며 말을 하게 되면, 말이 잘 분류되고 핵심 정보를 기억하기도 좋다. 연사의 입장에서도 논리가 흐트러지고 과부하가 될 수 있으니 꼭 '3의 법칙'을 기억하자.

3의 법칙으로 원고 작성하기

다음 빈칸을 채워 원고를 완성해 보고 실전 스피치를 위한 준비를 해 보도록 하자.

안녕하십니까. 저는 ○○○입니다. (인사)
오늘 저는 여러분들과 '_____'란 주제로 이야기를 나눠 볼까 합니다. (주제선언)
오늘 주제인 _____에 대해 (다시 한번 더 주제 선언)
3가지 방법을 말씀드릴까 합니다. (솔루션에 대한 예고)
첫째, _____입니다.
왜냐하면 _____이기(하기) 때문입니다. (이유)
그 근거로는 이런 게 있습니다. _____ 에 따르면 _____일 때 라고 합니다. (근거)
따라서 _____해야 한다고 생각합니다.
(부연설명 및 주장)
둘째, _____입니다.
왜냐하면 _____이기(하기) 때문입니다. (이유)
그 근거로는 이런 게 있습니다. _____에 따르면 _____일 때 _____라고 합니다. (근거)
따라서 _____해야 한다고 생각합니다.
(부연설명 및 주장)
셋째, _____입니다.

왜냐하면 _____이기(하기) 때문입니다. (이유)

그 근거로는 이런 게 있습니다. _____에 따르면 _____일 때 _____라고 합니다. (근거)

따라서 _____해야 한다고 생각합니다.

(부연설명 및 주장)

지금까지 _____에 대해 말씀드렸습니다.

(마지막 주제 각인)

경청해 주셔서 감사합니다. (감사로 마무리)

(3) 연설의 시간을 지켜라

처음에는 "아이쿠~ 제가 말주변이 없는데…", "큰일 났네. 제가 미처 준비를 못 했는데요…" 하면서 손사래를 치던 사람도 막상 앞에 서면 끝을 모르고 계속 말을 이어 가는 경우를 본 적이 있을 것이다. 이 경우는 평소 '말하는 시간'에 대한 감각이 없어서 나타나는 현상인데, 예방하기 위해서는 평소 많이 하게 되는 간단한 모임 인사말이나 자기소개를 미리 '시간'을 재 보며 연습하는 습관을 들여야 한다. 말의 적절한 속도는 1분에 350자 정도인데, 꼭 글자 수를 신경 쓰지 않더라도 자연스럽게 말을 시작하고 마무리 짓는 데에 대략 1분을 넘기지 않도록 연습해 보자.

연설의 경우 정해진 시간이 있다면 반드시 연설의 양을 조절하고 마무리해야 할 시간보다 빨리 끝날 수 있도록 준비해 두어야 한다. 연설의 시간을 지키는 것은 좋은 연설의 기본 덕목임을 기억하자.

3
지금 당장 적용하는 2WHM 공식

실전 스피치를 앞두고 주제를 정한 당신, 말할 내용은 머릿속에 뭉게뭉게 떠오르는데 본격적으로 원고를 작성하려는 순간 머릿속은 또다시 엉킨 실타래처럼 복잡해지고 만다. 또, 어찌어찌하여 겨우 원고를 작성하긴 했는데, 막상 원고를 들고 실전처럼 연습해보니 스스로도 정리되지 않은 부분들이 눈에 띈다. 이럴 때, 어떻게 해야 할까?

공식석상에서 연설을 앞두고 누구나 한 번쯤 이런 고민을 해 본 적이 있을 것이다. 당신이 생각하는 것보다 더 많은 연사들이 같은 고민으로 원고를 썼다 지우며, 걱정만 늘어놓고 있는 경우가 많은데 이는 손쉽게 작성할 수 있는 일종의 공식을 몰라서 생기는 고민이다. 앞 장에서는 '3의 법칙'을 알아보았다. 말할 부분의 뼈대를 세우고 불필요한 말을 없애는 데 크게 도움이 되는 방법이다. 그러나 연설의 전체 맥락을 모두 정렬하는 방법에서는 다소 부족함이 있다. 연설이란 반드시 솔루션만을 제공하지 않기 때문이다. 왜 그 이야기를 들어야 하는지, 말하려고 하는 그것이 대체 무엇인지, 어떻게 하라는 것인지를 전반적으로 납득할 수 있게 말할 수 있어야 한다. 그래서 이번 장에서는 어디든 써먹을 수 있는 공식 하나를 소개할까 한다.

(1) 2WHM 공식

2WHM 공식은 Why-What-How-Move의 약자로서 스피치 내용 구성법을 정리한 것이다. 기초적인 공식이나 초등학생부터 성인에 이르기까지 모든 연사에게 적용할 수 있고 어느 연설에나 적용할 수 있다는 점이 장점이다. 또한 위 공식을 습관화하면 연단스피치뿐만 아니라 대화 현장 어디에서도 조리 있는 말하기를 구사할 수 있게 된다. 연습해 볼 쉬운 주제 하나를 정해 2WHM 공식대로 적용해 보자. 원고 작성의 든든한 길잡이가 될 것이다.

(2) 주제 선정하기

당신은 '스피치 잘하는 방법'이라는 제목의 연설을 앞두고 있다. (초보자의 경우, '~하는 방법'과 같이 실천형 주제를 정하면 구성이 쉽다.)

주제의 핵심단어는 무엇인가. 당신이 아는 바대로 '스피치'다.

이렇게 제목 안에 '핵심어'가 들어가 있는 것이 좋다. 청중에게 주제를 확실히 각인시키고, 구체적으로 펼쳐질 본론 내용에 힌트를 주기 위해서는 핵심어를 자주 언급하고 각인시켜야 하기 때문이다. 만약 '스피치'라는 핵심어가 주제의 주된 화두라면 '~하는 방법'은 무엇일까. 바로 주제의 결론이자 솔루션에 해당하는 내용이 되겠다. 이처럼 초보연설자들이라면 핵심어와 솔루션이 들어간 주제를 정해 보는 것이 비교적 쉽게 접근할 수 있는 방법이 된다. 필자는 스피치 멘토링을 진행할 때 주제 선정하는 것을 다음의 예시처럼 '~하는 방법'으로 몇 가지 정해 보도록 권장하고 있다. 이렇게 하면 주제를 통해 한 가지 화두를 놓치지 않고 이어 갈 수 있게 되고, 익숙해지면 여러 가지 대화 패턴에도 적용될 수 있기 때문이다. 자, 그럼 한번 적어 보도록 하자. 당신은 어떤 화두를 가지고 한편의 스피치를 만들어 보고 싶은가.

스피치를 잘하는 방법

연습 주제 1. _____ 방법
연습 주제 2. _____ 방법
연습 주제 3. _____ 방법
연습 주제 4. _____ 방법

1️⃣ 1단계: WHY
배경/타당성/필요성/말의 목적/동기부여

2WHM 공식의 첫 번째 W는 'Why'이다.

서론 부분의 단계로 '왜'가 중점적으로 부각되어야 할 부분이다. 스피치에서 맥락을 유지해 나가는 것은 중요한 일인데 그런 의미에서 스피치의 모든 방향은 'How'를 향해 가고 있어야 한다. How는 연사가 말하고자 하는 말의 종착점이기 때문이다. 하지만 이를 위해서는 '아, 이 주제가 정말 중요하구나', '이 이야기에 대해서는 내가 좀 잘 들어봐야겠어'라고 생각하게 되는 대목이 있어야 하는데 '목적을 위한 목적'이 바로 'Why'이다.

(1) 주제의 이유를 설명하라

주제를 말하고 난 다음에는 곧바로 주제 선정의 이유를 설명해야 한다. 그리고 청중이 납득할 수 있도록 말의 뼈대를 세워야 하는데 그 뼈대가 바로 배경, 현실문제 및 문제 제기, 필요성이다.

> 요즘은 연사전성시대입니다. **(배경)** 어딜 가나 스피치 현장을 만나게 되고, 앞에 나와서 말해야 할 일도 많습니다. 취업이나 승진, 업무 관련 보고 역시 면접이나 프레젠테이션 형식으로 준비해야 하고, 각종 모임이나 행사에서는 또 왜 그렇게 앞에 나가서 말해야 할 일들이 많은지요. **(현실 문제, 문제 제기)** 그러다 보니, 스피치 잘하는 방법을 찾아 스

피치아카데미를 다니거나 관련 공부를 하는 사람들이 대폭 늘어났습니다. 갤럽 조사에 따르면 성인 10명 중 7명은 '스피치 배우기'의 필요성을 절실히 느낀다고 응답했습니다. **(뒷받침 근거)**
이것은 '말 잘하는 방법'에 대한 궁금증과 관심이 많이 늘었다는 것일 텐데요. 그래서 저는 이러한 현대사회의 요구에 발맞춰 **(적합성)** 우리 모두에게 꼭 필요한 주제라는 생각이 들어서 **(필요성)** '스피치를 잘하는 방법'을 준비해 보았습니다.

이와 같이 주제선정의 이유를 타당성 있게 설명하고, 더불어 '현대사회의 요구'라는 사회적 화두와 '우리 모두에게 꼭 필요한 주제'라는 필요성으로 인식시킨다면 이보다 더 훌륭한 서론은 없다. 덧붙여 Why 단계는 연사가 말하고자 하는 화두를 청중이 수용하고 공감하게 하도록 하는 단계라는 것을 잊지 말자.

Why 1번 실습

주제	
키워드	내용
배경	
현실문제/ 문제제기	
뒷받침 근거	
적합성	
필요성	

(2) 동기부여, 믿게 하라

다음은 청중의 입장에서 반드시 이 주제를 들어야만 하는 이유를 설명해야 하는 두 번째 'Why' 단계이다. 한마디로 말하면 이 부분에서는 반드시 '청중이 얻을 수 있는 이익'이 무엇인지에 대해 언급해야 한다. 연사의 입장에서는 청중이 보다 더 경청할 수 있도록 하는 단계이지만, 청중의 입장에서 본다면 이 연설을 계속해서 신뢰할 수 있을지, 자신에게 유익을 줄 수 있을지에 대해 판단해 보게 되는 단계인 것이다. 그러므로 Why 2는 연사와 청중간의 '밀당'이 본격적으로 시작된 단계라고도 할 수 있다. 이 단계를 잘 헤쳐 나가면 연설의 주도권은 의외로 쉽게 연사에게 넘어온다. 청중이 들을 만한 가치가 있다고 판단했을 것이기 때문이다. 그러므로 Why 2의 감각을 잘 익혀 청중을 끌어당겨 보라.

Why 1은 주제에 대한 '타당성', Why 2는 '필요성'이 핵심이다.

그런데 말이죠. 우리는 왜 꼭 '스피치 잘하는 방법'을 알아야 할까요? **(화두)** 앞서, 스피치를 할 일이 많아졌다고 했는데요. **(화두와 배경의 각인)** 아마도 이런 경험들이 있으실 겁니다. 처음 몇 번은 그냥 넘어가기도 하고, 나름대로 준비해서 해 보기도 했는데 잘 안 되더라는 거죠. **(경험 속 공감시키기)** 은근히 이것 때문에 스트레스가 되기도 하고 말이죠. **(필요성으로 가기 위한 설득구조)** 그런데 여러분, 혹시 알고 계시나요? 스피치를 못하는 것도 '방법'을 모르고 있기 때문이라는 것을 말이죠. **(필요성과 해법제시 준비)** 자동차 운전을 예로 들어 보겠습니다. 자동차 운전은 배우지 않고는 아예 할 수가 없죠. 배우면 할 수 있어요. 요령을 터득했기 때문이죠. 그런데 또 막상 면허증을 따서 운전을 하려고 보면 처음엔 다 '초보운전' 딱지를 붙이고 더듬더듬 기어가다시피 하죠? 실전에서의 도로주행이나 연습이 필요하고, 그 시간이 지나고 나면 점차 익숙해져 나중엔 잘하게 되잖아요? **(예시)** 스피치도 운전과 다르지 않습니다.

잘하게 되는 방법과 요령이 있어요. **(해법제시 준비)** 지금까지 걱정만 하고 각자의 방법으로 준비해 봤지만, 어떻게 준비하고 어떻게 하면 말을 잘하게 될지 제대로 알지 못했잖아요? **(청중 수긍)** 오늘 제가 그 방법을 알려 드리려고 해요. 어때요? 알고 싶으신가요? **(확실한 동기부여)**

이렇게 Why 2를 말하게 되면, 청중들은 '와, 오늘 주제가 나한테 도움이 되겠는데? 한번 잘 들어봐야겠어'라고 마음을 굳히게 되고, 앞으로 나올 본론에 대해서도 기대감을 갖게 될 것이다. 따라서 스피치의 기대감을 제대로 높여 보고 싶다면 독자 여러분들도 사례를 가지고 이 단계를 부지런히 연습해 보길 바란다.

Why 2번 실습

주제	
키워드	내용
화두	
화두와 배경의 각인	
경험 속 공감시키기	
필요성으로 가기 위한 설득구조	
필요성과 해법제시 준비	
예시	
해법제시 준비	
청중 수긍	
확실한 동기부여	

2 2단계: WHAT
정의/의의/개념정리/용어풀이

1단계에서 Why에 대한 감각을 익혔다면, 이제는 2단계 What으로 넘어가 보자.

앞서 필자는 주제에 핵심어가 들어가도록 해야 한다고 조언한 바 있다. 제목 안에 핵심어가 들어가 있으면 말하는 연사도 듣는 청중도 맥락을 파악하는 데 큰 도움이 될뿐더러 핵심 단어가 머릿속에 각인되어 연설 내내 화두가 떠나지 않기 때문이다. 이번 단계에서는 바로 이 핵심어를 바탕으로 '무엇을 말하고자 하는지'에 대해 살펴보도록 하자.

(1) 핵심어, 개념정리를 하라

연사가 '핵심어'에 대해 말할 때, 우선적으로 해야 할 것은 '개념정리'다. 핵심어의 용어풀이, 정의, 의의 등을 청중이 알기 쉽도록 명확하게 해석해야 한다. 예를 들어, 스피치(Speech)의 사전적 의미를 찾아보면 '연설, 담화, 언어능력'이고, 용어 그 자체를 해석한다면 단순히 '말'이란 뜻이다. 이것을 그대로를 전하면 된다. 하지만 여기서 연사가 생각하는 개념을 통상적으로 사람들이 공감할 수 있는 범위에서 말하고, 한번 생각해 볼 수 있도록 하는 것이 What 단계의 매력이라 할 수 있다.

여러분, 스피치가 무엇일까요. **(화두)** 네, 그렇습니다. 영문으로 된 'Speech'를 한글로 바꾸면 그냥 '말'입니다. **(뜻)** 사전을 찾아보니 '연설, 담화, 언어능력'이라고 나와 있네요. **(뒷받침)** 우리가 모두 잘 알고 있는 그 스피치가 맞나 봅니다. 하지만 오늘 제가 준비한 스피치의 개념은 조금 다릅니다. **(주제범위의 축소, 핵심 전달)** 제가 준비한 스피치는 단순히 소리 나는 '말'을 뜻하는 게 아니라는 것인데요. 여기, 정말 말을 할 줄 모르는 분은 아무도 안 계시지 않습니까?

네, 그렇다면 제가 준비한 스피치에 대해 말씀드리겠습니다. 그것은 '공식석상에서의 스피치', '서서 하는 스피치'를 말합니다. **(말하고자 하는 핵심에서의 용어정리)**

2 무엇을 말하고자 하는지 의미전달을 하라

사전적 의미와 더불어 연사가 생각하는 핵심어를 의미 있게 전달했다면, 그다음은 주제 전체를 놓고 무엇을 말하려 하는지에 대해 되짚어 보도록 하자. 예를 들어, '스피치를 잘하는 방법'이란 주제로 연설을 하고 있는 중이라면, 의도적으로나마 제목을 되짚어 말하라는 의미이다. 그러고 난 뒤, 핵심어를 제외한 '~를 잘하는 방법'이 지니는 해석을 풀이해서 말하면 된다.

정리하면 What 단계에서는 첫째, 사전적 의미를 정리하고, 둘째로 연사가 생각하는 나름의 의미를 정리해서 말하면 된다. 이처럼 각자가 정한 주제의 What 부분을 정리해 보면서 What 단계의 감각을 익혀 보도록 하자.

What 단계 연습

주제	
키워드	내용
화두	
뜻	
뒷받침	
주제 범위의 축소, 핵심 전달	
말하고자 하는 핵심에서의 용어정리	
제목 전체의 의미	
사전적 의미	
연사가 생각하는 제목의 의미	

3️⃣ 3단계: HOW
솔루션/방법제시/결론/Move

이제 연설의 솔루션 제공 부분인 How를 학습할 단계가 되었다. Why가 서론 부분, What이 본론의 진입 부분이라면, How 단계는 본론의 핵심을 풀어주는 부분으로 방법에 대한 논의와 솔루션의 제공이 구체적으로 제시되어야 하는 부분이라 할 수 있다.

그뿐만 아니라 결론을 예고하며 연설의 클라이맥스를 나타내는 부분이기도 하다. 따라서 How 단계에서는 연사가 나름대로의 노하우를 보여 주는 동시에 열의를 가지고 전달해야 한다.

Why 단계는 말의 설계 단계와 같아서 꼼꼼하게 배열하는 동시에 청중을 사로잡아야 하는 미션이 있고, What 단계는 신뢰감 형성을 위해 근거 마련과 의미해석을 잘해야 하는 미션이 있다. 한 단계, 한 단계 쉽게 넘어가는 단계는 없지만, 여기까지 도달했다면, 이제 How 단계에서도 청중이 기대하고 있는 '방법'을 멋지게 펼쳐 나갈 수 있을 것이다. 성공적인 연설을 위한 How! 지금부터 만들어 보자.

(1) 솔루션을 준비하라

How 부분은 '솔루션'을 제공하는 단계이다. 솔루션 없는 스피치란 듣는 사람들을 허무하게 만든다. 주제를 가지고 말한다는 것은 그에 따른 연사의 깊이 있는 생각을 나타내는 것과 같기 때문이다.

하지만 아무리 좋은 문제의식이 있어도 그에 대한 방법론이 빠진다면 연설은 말로서 그칠 것이다. 청중이 당신의 연설을 듣고 삶의 일정한 부분들이 바뀌어 갈 수 있도록 당신만의 솔루션을 제공하라.

(2) 솔루션 역시 세 가지로 말하라

솔루션 역시 '3의 법칙'으로 말하라. 첫째, 둘째, 셋째로 배열하고 결과론적인 문장으로 완성시켜라. 예제처럼 '스피치를 잘하는 방법'이 주제라면 그 방법이 무엇인지에 대해 문장형으로 밝히라는 것이다. 예시를 보며 How의 감각을 익혀 보고, 각자의 주제에 맞게 How를 만들어 보도록 하라.

> **'어떻게 하면 스피치를 잘할 수 있을까요?'** (질문형 화두)
>
> 첫째, '청중의 필요사항을 생각하라'입니다.
> **(결과론적 방법 제시 1)**
> 대부분 스피치를 잘하지 못하는 이유가 주제 선정에서부터 어려움을 느끼기 때문인데요. 그럴 때는 청중들에게 지금 무엇이 필요한지 생각해 보아야 합니다. 필요한 부분, 즉 니즈(Needs)를 파악해서 주제를 선정하게 되면 청중들은 자신의 문제와 이익과 관련 있는 내용이기 때문에 우선 관심을 가질 것입니다…. (중략)
>
> 둘째, 'WWH 공식으로 원고를 구성하라'입니다.
> **(결과론적 방법 제시 2)**

한 조사에 따르면 공식적인 말하기에서 무엇 때문에 가장 떨리느냐는 질문에 '준비 부족'이 1위를 차지했는데요. 준비 부족의 이유로는 적절한 준비방법을 알지 못했기 때문인 경우가 많았습니다. 스피치 준비의 1단계는 원고 준비라 해도 과언이 아닌데요. 무엇을 어떻게 해야 할지 막막한 원고 구성은 WWH 공식을 이용해 보세요. WWH 공식이란…. (중략)

셋째, '리허설을 해 보라'입니다.
(결과론적 방법 제시 3)
우리가 스탠딩스피치를 앞두고 가장 걱정되는 것은 바로 '연단공포'입니다. 평소, 많은 사람들 앞에서 말해 본 적이 많지 않은 우리는 갑작스런 스피치 기회가 두려움이 될 수 있는데요. 그것을 극복할 수 있는 방법을 찾아보니 '리허설 하기'가 있었습니다. 리허설이란 말 그대로 실전 스피치를 앞두고 실전처럼 연습해 보는 것인데요. 사람들 앞에서 하는 것이 부담스럽다면 집에서 거울을 보고 자주 연습을 하고, 사람들 앞에서 말하는 장면을 이미지 트레이닝하는 것만으로도 리허설이 된다고 합니다…. (중략)

예시에서 본 것처럼 질문형으로 화두를 던지고, 결과론적 방법 제시를 세 가지 순서대로 진행해 보면 된다. 주의할 점은 How 단계의 솔루션을 제공하는 첫째, 둘째, 셋째의 각각 내용에서 논리의 규칙(배경, 근거, 연결고리)이 깨지지 않도록 해야 한다는 것이다. 더불어 조금 더 풍성한 How를 만들고 싶다면 예화나 사례들을 청중이 공감할 수 있는 내용으로 충분히 준비하도록 하라.

How 실습

주제	
키워드	내용
질문형 화두	
결과론적 방법 제시 1	
결과론적 방법 제시 2	
결과론적 방법 제시 3	

④ 4단계: Move
움직이게 하라

지금까지 안내한 공식을 따라 내용을 구성해 보았다면, '조리 있는 말하기'로서의 뼈대가 갖추어졌다고 볼 수 있다. 하지만 이대로 끝낸다면 여운이 남는 스피치, 감동적인 스피치로 기억되기에 조금 부족한 면이 있다. 이제 마지막 Move 단계를 통해 연설을 감동적으로 마무리해 보자.

청중의 가슴에 각인시킬 수 있는 무엇인가를 남겨라. 연사의 좌우명도 좋고, 스토리도 좋고, 잠깐의 영상이나 시각자료도 좋다. 무엇이든 진심을 전달할 수 있는 엔딩이면 된다.

"여러분, 저는 오늘 스피치를 잘하는 방법에 대해서 말씀드렸습니다. 저는 처음부터 스피치 강사가 된 것이 아닙니다. 무용학도였고 춤을 전공했습니다. 스무 살 봄, 갑작스럽게 아버지가 돌아가시고 난 후 제 삶은 생각지도 못한 방향으로 여러 번의 변화를 겪었습니다. 무엇이든 스스로 해내야 했기 때문에 어려움도 있었고, 힘든 순간들도 있었습니다. 하지만 이렇게 '강사'가 된 것은 제 생애 큰 축복이라고 생각하고 있습니다. (중략)
여러분, 저는 그동안 스피치 멘토링을 해 오며 수많은 분들을 만나 왔습니다. 그 가운데는 열정을 다해 말공부를 하셨던 분들이 많이 있습니다. '스피치가 바뀌니 인생이 바뀌었다'고 고백하는 분들 한 분 한 분이 생길 때마다 저는 말이 얼마나 큰 힘을 가지고 있는지에 대해 다시

금 느낄 수 있었습니다. 이제, 여러분들이 그 변화의 주인공이 되었으면 좋겠습니다. 스피치가 바뀌면 인생이 바뀝니다. 지금까지 경청해 주셔서 고맙습니다."

인생에 스토리가 없는 사람은 없다. 연사도 청중도 모두 그렇다. 꼭 화려한 말이 아니더라도 괜찮다. 진심이 담긴 말에는 말로 설명할 수 없는 감동이 있기 때문이다. 지금까지 연설 준비를 열심히 해 온 당신! 당신의 이야기라면 충분하다. 그러니 이제라도 자신의 스토리를 한번 써 보도록 하자. 자신이 왜 이 연설에 참여하게 되었고 어떤 마음으로 준비하게 되었는지, 그리고 지금 이 순간 어떤 감정인지 등 진솔하게 담은 마지막 메시지는 청중의 가슴을 울리고 스스로에게도 감동의 시간이 될 것이다.

MOVE 적어 보기

Move 단계에서 사용할 자신의 스토리를 정리해 보도록 하자.

주제	
키워드	내용
스토리	

4
스토리에서 스토리텔링까지

　사람들은 가끔 놀라울 정도로 오래된 기억을 꺼내 곧잘 말한다. "제가 학창 시절에 말이죠~" 신기한 일이다. 바로 엊그제 무얼 했는지조차 기억해 내지 못할 때가 많은데 어떻게 수십 년 전의 일을 기억하고 말할 수 있을까? 그것도 아주 구체적으로 상황까지 묘사하면서 말이다.

　이것이 바로, '스토리(Story)의 힘'이다.
　우리를 이야기꾼으로 만들고 이야기 생산자로 등장시키는 힘은 바로 스토리(Story)에 있다. 일련의 일들을 기억하게 하고 시간을 되돌려 놓은 듯 자연스럽게 말을 이어갈 수 있는 것 또한 스토리 때문이다. 사람들은 보고 듣고 경험한 것을 '추억'이라는 카테고리에 저장해 놓고 필요한 순간마다 꺼내 쓰는데 어쩌면 일상의 순간순간을 놓치고 싶지 않아 SNS에 남겨 두는 건지도 모른다. 사람들은 자신만의 이야기, 특별한 순간을 이미지로 저장하고 타인과 나누기를 즐긴다. 바로 그러한 일상 속 스토리(Story)를 스피치에 적극 활용해 보자.

스토리는 어떻게 구성되는 것일까? 단순한 사실만으로는 스토리가 될 수 없다. 정황을 둘러싼 '에피소드'가 있어야 한다. 에피소드의 '기, 승, 전, 결'이 스토리라인에 정렬돼 있어야 하나의 이야기가 되는데 이것은 맥락 없이 이어지는 '수다'와는 차이가 있다. 수다를 떨다 보면 어떤가, 여러 에피소드가 뒤엉켜 핵심도 맥락도 없는 말들이 산발적으로 흩어지지 않던가. 이는 주제가 없으니 기승전결의 순서나 말의 우선순위가 없어 발생하는 문제이다. 한마디로 필터링이 없는 것이다. 이것이 '수다'가 공식적인 말하기로 인정받을 수 없는 이유이기도 하다. 이야기의 맥락을 갖춘 에피소드라 해도 결론이나 메시지의 목적 없이 이어지는 에피소드도 공식 스피치로 활용되기는 어렵다.

에피소드가 맥락을 갖추고 스토리가 사람들의 마음을 움직일 메시지가 되려면 말하기의 과정에서 전개 순서와 방법이 고려되어야 하는데 이를 '스토리텔링(Storytelling)'이라 한다.

'스토리텔링(Storytelling)'이란 스토리(Story)와 텔링(Telling)의 합성어로 '이야기를 구현해 낸다'는 뜻을 포함하고 있다. 연단스피치를 앞둔 연사라면 스토리에 바로 이러한 텔링의 방법을 구사할 수 있어야 하는데 다음에 등장하는 스토리텔링 기초 공식을 이해하고 사례를 넣어 적용해 보도록 하자. 스토리에는 사람들의 뇌리에 남을 만한 입체적인 장면들이 있고, 구체적인 이야기가 있다. 청중은 이 이야기에 빠져들 준비가 되어 있다. 자, 이제 맛깔스러운 말을 위한 양념을 준비하자. 스토리는 여전히 힘이 세다.

1 ⟩ 스토리텔링 공식 적용하기

'스토리텔링(Storytelling)' 능력을 갖추기 위해서는 '스토리라인(Storyline)'의 프로세스를 알아야 한다.

어떤 사건(정황)을 바탕으로 에피소드 하나가 만들어졌다고 가정해 보자. 이 에피소드에는 이야기를 둘러싼 배경(background)과 주인공, 상황, 사건이 있기 마련이다. 거기에 사건을 극대화시킬 수 있는 극적인 절정까지 더한다면 에피소드는 더욱 힘을 발휘하게 된다. 예를 들어, 신데렐라가 12시가 가까워지는 것을 보고 재빨리 성을 벗어나려 하는데 그만 유리 구두 한 짝이 벗겨지는 장면을 생각해 보자. 이야기의 절정 부분이다. 이렇게 이야기가 극적인 상황으로 절정에 다다르게 되면, 동시에 이제 곧 사건이 풀려나갈 것이라는 암시를 주게 되는데 이를 통해 청자들은 감정의 오르내림을 경험하게 되고 은연중에 몰입의 과정을 거친다. 이것을 공식으로 정리해 보자.

배경 – 인물(주인공) – 상황 – 사건 – 사건의 절정 – 해결 – 마무리

위 공식을 일상 속 스토리에 맞게 적용해 보면 다음과 같다.

"있잖아. 어제 목욕탕에 갔는데 내가 거기서 우연히 여행용 가방을 하나 본 거야! 누가 여행을 앞두고 목욕탕에 왔는지 가방을 끌고 와서는 탈의실 옷장 틈 사이에 가방을 두고 목욕을 하러 들어갔나 봐. **(배경)** 근데 그걸 보고 동네 아줌마들이 한마디씩 하는 거야. **(주인공)** ○○이

는 자기도 그런 여행가방 끌고 얼마 전 캄보디아로 여행을 다녀왔다 하고, ○○이는 그 가방 사이즈를 가지고 저기에 여행용품이 들어가니 안 들어가니 하고, ○○이는 그 와중에 그 가방이 없어지면 어떡하냐며 괜한 걱정을 하고 있는 거 있지. 거기서 나는 또 누가 목욕탕에 자랑하는 것도 아니고 저렇게 큰 가방을 아무 데나 놓고 갔냐고 하여튼 요즘 사람들은 안 돼~ 하면서 한마디 거들었어. **(상황)** 그런데 말이야, 우리 옆에서 조용히 머리를 말리고 있던 젊은 아가씨가 갑자기 그 가방을 끌고 유유히 우리 앞을 지나가는 거 있지. **(절정)** 순간 우리는 깜짝 놀랐어. 그 아가씨 얼굴이 너무 무표정인 거야. 우린 가방 주인이 바로 옆에 있었던 것도 모르고 그렇게 떠들고 있었던 거지. **(해결)** 별일 아닐 수도 있는데 그때 느낀 게 있어. 진짜, 어디 가서 말조심해야겠다고…. 알고 보니 그 아가씨는 출장을 간다는 거 있지. 아휴, 내가 그때를 생각하면 괜히 얼굴이 화끈거리고, 머쓱해. **(클로징)**

평소 대화를 바탕으로 만들어진 예제들이다. 실전 스피치에서 활용하기 위해서는 앞의 공식에서 '교훈' 부분이 꼭 들어가 있어야 한다.

배경 – 인물(주인공) – 상황 – 사건 – 사건의 절정 – 해결 – 마무리 – 교훈

이제 위의 공식을 나만의 스토리 예제를 만드는 데 활용해 보자.

스토리 소재 작성하기

　스토리를 멀리서 찾지 말자. 일상 속 경험을 소재 삼아 스토리텔링 소재를 적어 보자.

키워드	내용
스토리 소재	

스토리텔링 원고 작성하기

아래 공식대로 한 편의 스토리텔링을 만들어 보자.

키워드	내용
배경	
인물	
상황	
사건	
절정	
해결	
마무리	
교훈	

5
주제 선정부터 실전 스피치까지

1 주제 선정

강연이나 발표를 요청받아 스피치를 해야 할 때는 먼저, 어떤 주제로 말할지에 대한 주제를 먼저 선정해야 한다. '주제' 없는 말하기는 목적 없이 항해하는 배와도 같다. 주제 선정을 할 때 반드시 고려해야 할 T.O.P에 대해 알아보도록 하자.

(1) 시간(Time)을 고려하자

아침에 이루어지는 조찬모임이나 이른 시간의 연설, 강연이라면 뇌를 깨울 만한 퀴즈 하나를 준비해 보자. 조간신문에서 읽은 화젯거리도 좋다. 점심시간 직전의 연설이라면 식사시간이 늦어지지 않도록 시간 조정에 신경을 쓰고, 오후라면 더욱 경쾌한 목소리로 말하도록 하자. 비교적 집중이 잘되는 저녁이라면 몰입할 수 있는 화두와 하루를 정리하는 마무리 음악이라도 준비하면 좋을 것이다. 이렇듯 시간은 연설을 준비하는 데 반드시 고려되어야 할 사항이다. 같은 주제라도 시간에 따라 분위기를 바꿀 수 있는 소재나 사례를 준비한다면 매너 있고 센스 있는 연사로 거듭날 것이다.

> **시간대별 주제의 예**
> **아침:** 상쾌한 오늘을 깨우는 스피치 커뮤니케이션!
> **점심 전:** 맛! 멋! 맘! 진심을 깨우는 스피치 커뮤니케이션!
> **오후:** 활기찬 소통을 위한 스피치 커뮤니케이션!
> **저녁:** 지식과 감성을 전하는 스피치 커뮤니케이션!

(2) 상황(Occasions)을 고려하자

연설에는 목적이 있고 상황이 있다. 이를 무시하고 주제를 선정할 수는 없다. 그래서 연설을 준비하는 연사라면 주제를 선정하기에 앞서 연설의 목적이 무엇인지, 어떤 상황에서 스피치를 하게 되는지 꼼꼼하게 파악해야 할 것이다.

> "존경하는 라이온스 클럽 회원 여러분, 우리는 이번 상반기에도 라이온의 정신에 따라 ○○○의 봉사를 실천했습니다. 오늘의 이 자리는 우리가 행한 이 ○○○ 봉사를 결산하고 스스로 그 가치와 의미를 되새기기위한 자리입니다. 특별히 이번에는 상반기 ○○봉사를 돌아보고 하반기 ○○봉사를 성공적으로 진행하기 위해 모였습니다. 오늘의 이 자리가 우리 클럽 회원 여러분들의 가슴에 라이온의 자부심이 더해지는 자리가 되었으면 좋겠습니다."

(3) 장소(Place)를 고려하자

연설이 이루어지는 장소는 전체적인 분위기를 결정하는 데 조명과 같은 역할을 한다. 청중이 모이는 장소에 따라 연설의 규모, 분위기, 특징이 달라지며 연설을 돕는 기자재가 바뀔 수 있다. 무엇보다 연사의 목소리 크기, 제스처 등 연설의 요소에 변화가 생길 수 있기 때문에 장소를 꼭 확인해야 한다. 청중은 심리적 안정과 편안함을 원한다. 장소를 고려해 연설을 준비하는 습관을 가지면 분위기가 만들어 내는 드라마틱한 효과를 덤으로 얻을 수 있을 것이다.

> **좁은 장소일 때:** 신체 움직임이 불가능한 장소라면 스크린을 띄워 시각 자료나 영상을 활용해 입체적인 연설이 되도록 해 본다.
> **넓은 장소일 때:** 신체 움직임을 활용한 '아이스 브레이킹'을 할 수 있는 프로그램을 넣고, 구호 등을 넣어 청중이 참여할 수 있는 연설을 만들어 보도록 한다.

2〉 주제에 대한 생각 메모

주제가 선정되면 다음은 콘텐츠를 마련해야 한다. 곧바로 인터넷의 힘을 빌리지 말고, 종이를 꺼내 생각나는 대로 나열해 보거나 그림을 그리듯 구상해 보는 과정이 필요하다. 이러한 과정 없이 무작정 자료 수집에 들어가면 원고 구성의 속도는 날 수 있지만 연사의 철학이 들어간 연설을 기대하기는 어렵다. 무릇 연설이란, 연사의 사고와 가치관이 녹아 있어야 하는 것이다. 청중은 연사가 정리한 정보를 얻고 싶은 것도 있지만, 연사의 생각과 가치관을 통해 얻고 싶은 통찰(insight)도 있다. 청중은 때때로 이를 통해 에너지를 받고 동기부여를 얻는다. 연설을 통해 전달하고 싶은 생각이 무엇인지 메모해 보도록 하자. 무엇을 말하고자 하는지 자유롭게 메모하는 습관을 들이면 새로운 아이디어로 가득 찬 연설문이 탄생할 것이다.

메모 작성하기

말할 내용을 떠오르는 대로 메모해 보기

키워드	내용
메모 소재	

3) 생각의 배열과 정리

주제에 대한 생각을 자유롭게 메모해 보았다면 다음은 이 생각들을 정리하고, 배열해 보는 단계다. 윤곽을 잡아 가는 단계로 목차를 구성해 보도록 한다. 처음부터 끝까지 얼개를 잡는다는 생각으로 배열을 해 보자.

스피치를 잘하는 방법

스피치를 왜 배워야 하는가? (WHY)
→ 스피치가 필수능력인 시대가 되었다. 사례 1, 2, 3….

스피치가 무엇인가, 스피치를 잘한다는 것은 무엇을 의미하는가? (WHAT)
→ 용어사전을 보고 정리, 스피치를 잘한다는 것은 자신감을 의미하는 것이다.

어떻게 하면 스피치를 잘할 수 있나? (HOW)
→ 일단 해 보자. 말의 얼개를 잡자. 음성표현과 신체표현을 연습하자. 리허설을 하자.

마지막 마무리. (MOVE)

공식에 따라 말할 내용 적어 보기

메모한 것을 토대로 말할 내용을 공식에 반영해 보기

주제	
키워드	내용
Why	
What	
How	
Move	

4⟩ 관련 자료 참조&임팩트 구성하기

주제와 생각 메모, 말할 내용에 대한 목차 배열 및 주요 구성을 마친 상태라면, 예시나 근거가 될 자료를 찾고 생생함을 더할 스토리들을 마련하자.

먼저, 자료는 연사의 주장이나 의견에 객관적인 논거를 들기 위해 필요하다. 신뢰할 수 있는 정보나 신문, 전문가들의 고견, 책, 리서치 등 다양한 채널을 동원하여 수집할 수 있다.

다음으로 내용 구성에서 하나의 관문이 더 남아 있는데 그것은 바로 '**임팩트 구성하기**'이다. 이는 연사가 준비한 본론 내용의 개연성을 돕고 청중에게 여운을 남길 스토리텔링 과정을 포함한다. 어떤 스토리로 임팩트를 줄 것인지 생각해 보아야 하는 단계, 연출자가 된 듯이 재료들을 배치해 보라.

5⟩ 전문서 작성과 구어체 고치기

드디어 내용 구성이 모두 끝났다면 전문서를 작성해 보자. 전문서란 준비된 내용을 실제로 말하듯이 토씨 하나 빠트리지 않고 대본처럼 작성하는 단계를 말한다. 연설 대본이라고도 하며 문어체로 이루어진 글말을 구어체로 바꾸는 작업이다.

(1) 전문서 쓰기

만약 당신이 초보연설자이거나 중요한 연설을 앞두고 연설 준비를 제대로 해 보고 싶다면 전문서를 꼭 적어 보라고 권하고 싶다. 이 과정은 글을 쓰기 위한 과정이라기보다 실전처럼 말할 내용을 대본처럼 적어 봄으로써 말의 맥락을 짚고, 전체 내용을 이해해 보는 데 목적이 있다. 가끔 연사들이 훌륭한 원고를 완성해 놓고도 실전 스피치에서 어쩐지 어색한 말투로 주변 분위기까지 어색해지는 광경을 만드는 경우가 있는데 다름 아닌 '글말'로써 대본을 작성했기 때문이다.

연단스피치가 익숙하지 않은 초보연사일수록 전문서를 정성껏 써 보아야 한다. 소리 나는 대로, 구어체로 쓰는 과정을 통해 자연스러운 말하기를 터득하게 되고 글을 통해 말을 훈련하는 과정인 동시에 사전 리허설 과정이 되기 때문이다.

시간이 많이 걸린다는 이유로, 조금 귀찮다는 이유로 생략하는 과정이 바로 이 '대본 쓰기'인데, 필자의 경우 처음 연단스피치를 공부할 때 가장 공들인 과정이기도 해서 그 중요성을 아주 잘 알고 있다. 시간이 걸리더라도 꼭 전문서 쓰기, 대본 쓰기 과정에 몰두해 보라. 결코 돌아가는 방법이 아니다. 오히려 말하는 대로 글을 써 보면 스스로 내용 정리가 되어 실전 스피치에서는 대본이 필요 없을지도 모른다. 머릿속에 이미지 트레이닝이 되어 있어 연습하는 과정을 줄일 수도 있고 연사 스스로 몰입하여 단단하게 준비했으니 자신감이 생기기도 한다. 특히 도입부와 결론 부분에 더욱 정성을 들여 써 보도록 하자. 그런 다음, 전문서를 과감히 버려라. 열심히 전문서를 써 보라고 해 놓고 이번에는 버리라니 이것은 또 무슨 말일까? 버리라는 말은 쓰레기통에 넣으라는 얘기가 아니라 그것에 의존하여 연단에 서지 말라는 뜻이다. 그만큼 연설의 준비과정에서는 철저한 준비를 하고 실전에 가서는 보고 읽지 말고 청중과 소통하라는 조언이다. 청중이 당신의 눈앞에 있을지, 카메라 너머에 있을지 모르나 당신의 이야기를 들어줄 그들의 눈을 보며 숨소리를 들으며 같이 호흡하란 뜻이다. 연설의 대가들이 그랬듯 전문서를 읽으면서 하는 연설은 어찌 보면 연설이 아니다. 줄기를 요약한 개요서 딱 한 장이면 충분하다. 종이가 얇을수록, 아니 빈손으로 올라갈수록 소통할 시간은 늘어간다. 전문서는 딱 그전까지를 위한 준비단계이다. 성실함이 만들어 내는 전문서 쓰기, 대본 쓰기는 반드시 빛을 발하게 될 것이니 꼭 한번 해 보길 바란다.

(2) 입말로 고쳐 쓰기

모든 글은 살아 있는 말과 다르다. 글과 말은 모두 생각의 토양에서 만들어지지만 말하기의 호흡이란 글에서의 띄어쓰기와 차이가 있다. 그래서 실제로 말하듯 문장들을 고치는 단계를 '고쳐 쓰기'라고 한다. 이 과정은 글말을 구체적인 입말로 고치는 과정이라 할 수 있다.

    가을은 아니 오는가 봅니다. (글말)
    가을은 아직 오지 않으려나 봅니다. (글말)

→ 가을은 아직 올 때가 아닌가 봅니다. (입말)

→ 가을이 아직 오기 싫은가 봅니다. (입말)

6 리허설&이미지 트레이닝

내용이 완성되었다. 그렇다면 이제 곧바로 실전 스피치에 서도 되는 것일까? 필자는 반드시 '리허설'을 해 볼 것을 권장한다.

꼭 사람들 앞에서 하는 리허설이 아니라도 좋다. 전신이 보이는 거울 앞에 서서 처음부터 끝까지 여러 번 연습을 해 보는 것도 훌륭한 리허설이 될 수 있다. 만약 리허설을 하기 어려운 상황에 있거나 시간이 부족하다면, 실전 무대에 오르기 직전에라도 머릿속으로 이미지 트레이닝을 계속해 보도록 하자. 이미지 트레이닝만큼 완벽한 리허설은 없다.

2020도쿄올림픽에서 양궁 금메달리스트 김제덕 선수는 경기 내내 '파이팅', '코리아 파이팅'을 외치며 자신감을 북돋웠다. 바로 이것이다. 중요한 경기나 연설을 앞두고 이미지 트레이닝을 하면 '자기 집중'에 이를 수 있고 스스로도 놀라울 정도로 강력한 효과를 발휘할 수 있다. 스피치를 하기 전, 반드시 실천해 보도록 하자.

실전 스피치에 서기 직전

1) '다른 건 빠트려도 이 내용은 꼭 전해야 돼'라고 생각하는 부분 확인하기
2) 시작하는 첫마디, 첫 인사, 내용의 첫 부분은 무엇인가?

3) 어떻게 끝맺을 것인가? 종료 직전의 내용, 마지막 메시지
4) 호흡을 가라앉히고 편안한 마음이 되었는가? 물 한 모금 마시기

7 피드백

드디어 실전 스피치가 끝났다. 그동안의 노력과 연습과정에서 공들였던 모든 것을 실전에서 쏟아부은 당신; 필자는 누구보다 당신의 심경을 잘 안다. 아마 기쁨과 아쉬움이 동시에 교차할 것이다. 그동안의 과정이 주마등처럼 지나갈 것이고 '끝났다'는 후련함도 있을 것이다. 하지만 지금 당신이 해야 할 일이 있다. 가급적 빨리, 지금 이 순간이 지나기 전에 셀프 피드백을 기록해 두어라. 셀프 피드백만큼 강력한 자산은 없다. 다음 연설을 위한 동력이 될 것이며 당신의 가장 멋진 성장 기록이 될 것이다. 한 편의 드라마와 같지 않은가? 누구나 말할 수 있지만, 아무나 말의 가치를 만들 수는 없다.

당신은 지금껏 최선을 다해 가치를 만들어 왔고 당신의 이야기를 들어줄 청중을 위해 지금 이 여정까지 오게 되었다. 이 과정에서 배운 것은 무엇인가? 이를 통해 당신은 또 어떤 목표가 생겼는가? 기회는 준비된 자의 것이라던 명언은 바로 당신을 위한 말이다. 이제 당신은 또 다른 기회를 낚을 것이다.

"훌륭한 말은 훌륭한 무기다."
- 풀러 -

셀프 피드백 작성하기

> 셀프 피드백 체크리스트

항목	피드백 코멘트
아쉬움이 남는 부분은 무엇인가?	
전하고자 하는 내용은 잘 전했는가?	
음성표현은 잘 구사되었는가?	
신체표현은 적절했는가?	
청중과의 교감은 잘 되었는가?	
잘한 부분은 무엇인가?	
다음에 다시 선다면 잊지 말아야 할 부분이 무엇인가?	
연설을 통해 배운 것은 무엇인가?	

Part 3
좋은 목소리가 이긴다

1
발표불안을 이기는 특효약: 호흡

 호흡은 연설을 표현할 목소리의 기초가 되고, 음성 표현 전반에 영향을 미친다. 호흡량이 부족하면 긴 발성이나 풍부한 목소리 표현에 지장을 줄 수 있다. 중간중간 말이 끊어지거나 호흡이 가빠지는 것, 얼굴이 붉어지고 긴장 상태가 심해지는 것 이 모든 원인은 바로 호흡에 달려 있다. 공식석상에서 스피치를 잘하기 위해서는 에너지가 풍부해야 하는데 좋은 에너지의 원천 또한 '호흡'에 있다.

1〉 복식호흡의 필요성

 평소 우리는 어떤 호흡을 할까?
 가슴, 흉곽 부분에서 이루어지는 '흉식 호흡'을 주로 한다. 흉식 호흡을 하는 동안에는 흉곽과 복부의 움직임이 어떨까? 잠시 살펴보도록 하자. 한 손은 가슴에, 또 다른 한 손은 복부에 갖다 대고 바른 자세로 앉아 보자. 숨을 한 차례 깊이 마시는 동안 가슴과 어깨의 움직임을 살펴보자. 어떤가? 가슴과 어깨가 위로 올라가고 복부는 안으로 들어간다는 사실을 쉽게 알 수 있을 것이다. 반대로 숨을 내쉬면 어깨와 가슴은 내려오고 복부는 다시 바깥 방향으로 나간다.

그러나 연설을 할 때에는 평소보다 긴장된 상태에 있고 호흡도 빨라져 있으므로 흉식호흡을 하는 경우, 가슴과 어깨가 심하게 움직이게 된다. 이렇게 되면 연사는 안정적인 자세를 취할 수 없고 이처럼 불안정한 자세에서는(특히 가슴과 어깨가 들뜨면서 혈압이 위로 상승되는 자세) 분명하고 고른 목소리를 내기 어려워진다. 목소리의 떨림, 얼굴이 붉어지는 현상, 숨이 가빠오는 현상 등은 바로 이런 흉식호흡에서 비롯되는 것이다. 가슴 위쪽으로 상승되는 호흡이 아니라 복부 아래쪽에서 묵직하게 에너지를 만들어 내는 호흡을 해야 한다. 그래야 목소리가 들뜨거나 떨리지 않고, 호소력 있는 어조를 만들어 낼 수 있다. 그뿐만 아니라, 풍부한 호흡이 공기와 만나 성대를 안전하게 지킬 수 있게 되는데 오래도록 말을 하고 있어도 목이 쉬지 않는 비법 또한 '호흡'에 있음을 알아야 한다.

이때 필요한 것이 바로 '복식호흡'이다. 복식호흡이란 복부를 중심으로 한 호흡을 말하는데, 호흡하는 동안 가슴과 어깨는 거의 움직이지 않고 복부가 앞으로 나가고 들어오면서 공간을 만들어 낸다. 이는 혈압을 상승시키지 않은 상태로 호흡량을 풍부하게 공급하는 것이다. 말을 할 때 충분한 호흡량을 가지면 목소리에 힘이 생기고 단단한 공명을 만들어 내는 데 도움을 준다. 또한 긴장감을 낮춰 안정적인 연설을 할 수 있게 된다. 지금부터는 복식호흡을 연습해 보도록 하자.

2 복식호흡 방법

1. 먼저 한 손은 가슴에 다른 한 손은 복부에 갖다 댄다.
   - 말을 하면서 복식훈련을 겸할 때는 늑골 약간 아래쪽에 손을 갖다 댄다.
   - 본격적인 복식호흡에 앞서, 숨을 한 번 깊이 마시고 길게 내쉬면서 완전히 호흡을 비운다.

2. 코로 숨을 천천히 들이마신다.
마치 꽃밭을 지날 때 향기로운 꽃향기를 맡는 것처럼 폐가 열리는 듯이 천천히, 풍부하게 들이마시도록 한다.
   - 이때 가슴과 어깨가 위로 너무 많이 올라가지 않도록 자세를 고정한다.

3. 숨을 최대한으로 들이마시게 되었을 때 복부가 앞으로 나오게 한다.
   - 복부가 풍선처럼 팽팽하게 부푼 상태에서 처음에는 2초, 나중에는 4초, 8초로 시간을 늘려 가며 멈추는 훈련을 겸한다. 복부가 나온 상태를 유지하는 것은 말의 힘을 키우는 데 도움이 되고 큰 소리로 강조해야 할 부분에서 에너지를 뒷받침해 주는 역할을 한다.

4. 천천히 풍선 공기를 빼내듯이 숨을 내쉰다.
   - 처음에는 코로만 훈련하도록 하고, 복식호흡이 익숙해지면 내쉬는 타이밍에 입을 열어 보자. 그 자리가 바로 '말'이 들어갈 자리이다.
   - 내쉴 때에도 가슴과 어깨의 움직임은 가급적 고정한다. (이것은 말할 때의 바른 자세와도 깊은 연관이 있다. 호흡을 하면서 상체를 많이 움직이는 것도 습관이 될 수 있다.)

3 복식호흡으로 말하기 위한 훈련

복식으로 들이마신 직후에 약간 바람을 빼내듯 내쉰다. 이후에는 나머지 숨을 천천히 내쉬면서 허밍을 해 보도록 하자. 허밍이 익숙해지고 나면, 그 자리에 말을 한다 생각하고 복식이 된 상태에서 말을 하는 연습을 해 나가면 된다.

① (허밍) 음~~~ (배가 완전히 들어가는 느낌으로)
② (허밍) 음~~ 모~~~~ 아~~~~
③ (허밍) 음~~ 모~~~~ 아~~~~ 안녕하세요~~~~~

4 복식호흡을 할 때의 주의사항

1. 복식호흡이 익숙하지 않은 사람이라면 허밍이나 말을 넣기 전에 우선 제대로 복식호흡을 연습하도록 하자.

2. 처음에는 마시는 호흡이 약하더라도 천천히 길게 마실 수 있도록 하고 내쉬는 타이밍이 길어질 수 있도록 하자.

3. 복식이 익숙해지면 마시는 호흡과 멈추는 호흡, 내쉬는 호흡을 각각 4초씩 1:1:1이 되도록 연습해 보자. (훈련이 지속되면 내쉬는 호흡을 조금 더 늘려 간다.)

4. 숨이 차오르거나 혈압이 오르는 듯한 느낌이 들면 마시는 호흡보다는 내쉬는 호흡으로 전환하고 짧게 후! 후! 하고 숨을 빼낸다. (잠시 쉬었다가 천천히 다시 호흡을 시도하면 된다.)

5. 연습을 할 때는 바른 자세로 앉아서 해 보고, 익숙해지면 서서도 해 보자. (서서 할 때는 양발을 조금 벌려 '11자'로 서고, 상체가 뒤로 젖혀지지 않도록 주의하자.)

6. 복식호흡이 익숙하지 않다면 평평한 바닥에 바른 자세로 누운 상태에서 복부(배) 위에 무게감 있는 책을 올린 후 호흡을 해 보라. 자연스럽게 복식호흡이 되는 것을 체험할 것이다.

배운 것을 다시 정리해 보자.

복식호흡에 대해 인지해 보고, 누군가에게 알려 주듯이 복식호흡의 방법을 설명해 보라.
→ 인지형 스피치

날마다 실천하는 5분 호흡명상

1. 명상하기 좋은 장소를 정한다.
2. 시간을 정한다.
3. 눕거나 앉아서 할 수 있고, 서서도 가능하다. 편안한 자세를 취한다.
4. 머리-목-허리를 일직선으로 바르게 한다.
5. 마음을 가라앉히고 상념으로부터 빠져나온다.
6. 들숨-멈춤-날숨의 순서대로 차분히 진행한다.
7. 처음에는 마음이 어지럽더라도 차분히 계속해서 진행한다.
8. 날마다 5분가량 호흡 운동을 진행하도록 한다.

2
좋은 목소리의 기초체력: 발성

"저기 그러니까…. 이건 이렇게 되고, 저건 저렇게 되고…."
(작은 목소리로 웅얼웅얼)
"네?"
"아니요. 그게 그러니까 어쩌고저쩌고…."
"뭐라고요?"

사회생활을 하면서 우리는 종종 다른 사람의 말을 제대로 알아듣지 못해 되묻는 경우가 있다. 그런데 문제는 이 일이 반복되면 단지 청자만의 문제가 아니라 화자의 발성, 발음 문제인 경우가 많다. 풍부하지 않은 발성, 명확하지 않은 발음이 원인인 것이다.

필자가 코칭한 수강생 중에는 목소리가 작고 웅얼거리는 말하기 습관 때문에 고민인 분들도 있었고 성인뿐 아니라 아이의 경우 혹시 다른 문제가 있는 건 아닌지 부모로서 고민이 깊은 경우도 여러 차례 본 적이 있다.

"우리 애가 말하는 걸 보면 걱정이 돼요. 뭐라고 하는 건지 제대로 알아들을 수가 없을 때도 많고요 입 안에서 웅얼웅얼하는데 이러다 의사소통에 문제가 있는 건 아닐까요?"

또는 취업을 앞둔 취업준비생들과 프레젠테이션을 앞두고 있는 성인 남녀, 말을 전문적으로 해야 하는 직업군 종사자들까지 발음에 얽힌 비슷한 고민들은 이어진다.

"중요한 면접을 앞두고 있는데요. 제가 목소리에 힘도 없고, 말을 할 때 보면 발음이 부정확한 것 같아요. 자꾸 사람들이 되물어보니까 제 발음이 이상해서 그런 것 같아 부끄럽기도 하고요. 개인적으로 제 목소리가 마음에 안 들어요. 어떻게 하면 좋을까요?"

언급된 문제들은 모두 '목소리'에 관한 고민들이다.
우물거리면서 말하는 습관, 작은 목소리, 정확하지 않은 발음 등 목소리에 관한 문제점들은 대체로 호흡을 기초로 한 발성과 발음에 원인이 있다고 할 수 있다. 아무리 훌륭한 내용을 마련했다 하더라도 분명하지 않은 목소리로 전달하면 설득력이 떨어지고 내용 전달도 어려워진다.
이런 고민을 토로할 때 대부분 "성격 문제일까요?"라고 물어 오는데, 물론 성격 요인도 원인이 될 수 있고 진단해 보아야 할 부분이다. 그러나 꼭 성격적인 요인이 아니더라도 언어습관의 문제이거나 잘못된 목소리 사용법이 원인인 경우도 있다. 이 경우에는 목소리 훈련을 통해 교정 가능한 부분과 전문적 언어치료가 필요한 경우로 나눌 수 있는데 만약 언어치료의 사항일 경우에는 전문의에게 치료 받을 것을 권장하고 일상 속 발성, 발음의 부정확성 때문에 생기는 문제라면 지속적인 음성훈련을 통해 교정할 수 있다.

실제로 필자가 코칭한 사례로 볼 때, 음성 트레이닝을 받고 난 이후 의외로 빠른 개선을 보이는 경우가 많았는데 발성과 발음 등의 용법 훈련과 스피치 태도 변화를 통해 개선되는 경우였다. 평소 큰 목소리로 말할 일이 많지 않거나 의사소통 방식에서 '말'이 아닌 다른 수단으로 소통이 많았던 경우, 목소리의 용법을 제대로 모르고 있는 경우가 더러 있었다.

지금부터는 목소리의 씨앗, 발성에 대해 알아보도록 하자.

1 좋은 목소리의 씨앗, 공명

분명하고 좋은 소리가 나오려면 먼저, 목소리의 울림이 좋아야 한다. 목소리가 시작되는 씨앗, 바로 이 목소리의 울림을 '공명(共鳴)'이라 하는데, 음성에 **공명감**이 있으면 안정적이고 신뢰감이 느껴진다. 뉴스 앵커들의 목소리를 상상해 보면 이해가 쉬울 것이다. 남녀 할 것 없이 '저음 보이스'가 깔려 있으면 음성의 폭이 넓어지고, 복부의 호흡과 만나 무게감 있는 목소리가 형성된다. 목소리에서부터 '신뢰'라는 이미지를 입는 것이다. 음폭이 넓게 형성된 자리에 정확한 '소리 알맹이'를 구현하면 목소리가 깨끗하게 나와 또록또록한 전달력을 갖게 되는 것은 덤이다. 공명(共鳴)! 좋은 목소리의 필수요 건이라는 사실을 기억하자.

(1) 음성기관의 원리

1. 복부, 폐: 음원(音原), 즉 성대를 진동시키기 위한 공기가 필요하다. 폐나 호흡에 연관된 장기들은 모두 공기를 내뿜거나 들이마시는 작용을 한다는 것을 인지하고 복식호흡이 될 수 있도록 해야 한다.

2. 음원이 되는 성대: 바이올린으로 말하면 현에 해당하는 것으로 이것이 진동하여 소리를 낸다. 복식에서 끌어올린 에너지가 공기와 만나 '목소리'가 되는데 이때 '소리 알맹이'가 정확하게 나올 수 있도록 입 모양을 제대로 하고, 음의 초점을 제대로 찍어 소리를 내야 한다.

3. 성대에서 나오는 소리를 확대하는 공명강(共鳴腔): 성대만으로도 소리는 나지만 그 자체만으로는 매우 약해 소리를 증폭시키는 어렵다.
   '공명'은 '소리의 증폭'을 담당하고 울리게 하는 역할을 한다. 바이올린으로 말하면 몸통에 해당되고, 인체에서는 복부의 울림을 바탕으로 입과 코 사이의 인중, 미간 등에서 기능한다.

(2) 공명강

복부, 폐, 성대 기관들을 음성기관이라 한다. 목소리는 이렇게, 세 기관이 조화를 이루고 있다고 볼 수 있다. 특히 비강(鼻腔), 구강(口腔), 인두(咽頭) 등의 공명강에서 잘 공명시켜야 '울림'이 좋은 목소리가 나온다는 것을 인지하고 '공명 훈련'을 해야 할 것이다.

공명음은 턱이 나와 있을 때보다 들어가 있는 듯한 자세일 때, 구부정할 때보다는 바른 자세에서 더욱 편안하게 잘 나온다.

2 발성 연습 – 훈련 편

전달력을 높이고 울림이 좋은 목소리를 만들기 위해서는 평소 '흉성(胸聲: 늑골의 작용으로 흉곽을 확대하거나 축소해서 소리를 내는 방법)'을 이용한 목소리 내기보다 '복성(腹聲: 복근에 의해 횡격막을 상하 운동시켜 소리를 내는 방법)'을 이용해 목소리를 낼 수 있어야 함은 앞에서도 설명한 부분이다. 그렇다면 공명 발성에서부터 소리 키우기, 짧은 발성, 긴 발성 등으로 본격적인 훈련을 해 보도록 하자.

(1) 단계별 공명 발성법

1. 몸의 긴장을 풀고 편안한 자세를 취한다.
2. 입을 편안하게 다문다.
3. 이때 혀가 입천장에 닿지 않도록 혀뿌리를 내리는 게 중요하다.

4. 입 안의 아치를 넓힌다. (혀와 입천장 사이) 충분한 공간을 확보한다.
5. 복식호흡을 통해 아랫배에 공기를 가득 채운다.
6. 숨을 내쉴 때, "음~~~ (약 4초)" 소리를 길게 낸다.
7. 목 주변의 힘을 빼고, 복부에는 힘을 주면서 소리를 낸다.
8. 입과 코 주변에서 낮은 음의 진동을 느낄 수 있도록 느낌을 찾아가며 계속 연습한다.

(2) 소리 키우기
1. 공명 발성의 힘을 키우기 위해 시선은 먼 곳을 응시한다.

2. 벽을 바라보고 서서, 소리가 멀리 나갈 수 있도록 '음~' 하고 소리 내어 공명한다.

3. '흠~'으로 소리 발성을 바꿔 준다. ('흠~' 발성을 할 때는 소리가 콧등을 강하게 때린다는 생각으로 소리를 낸다. '흠~' 소리를 멀리 보내듯이 하고, 복부에 힘을 주되, 목 주변부는 힘을 빼도록 한다.)

4. 입을 닫고, 코로만 나오던 공명을 이제 입으로 낼 수 있도록 변환시킨다. '음~~~ 마~~~' 연습 후, '음~~~ 마~~~'라고 길게 발성해 본다. ('마~~~'로 발성이 바뀔 때, 한번에 입을 벌

리면 목과 턱에 무리가 될 수 있으니 주의해야 한다. 입을 서서히 벌리면서 편안한 발성이 되도록 한다.)
'음~~~ 마~~~'가 편안해지면, '음~~~ 미~~~', '음~~~ 메~~~' 등으로 단어를 바꾸어 연습을 한다. (각 방법을 최소 3회 이상 연습하고 다음으로 넘어간다.)

5. 발성 시작 단어가 '음~'이 아닌 다른 단어의 첫음절을 사용하며, 점차 발성의 폭을 넓혀 나간다.

    엄~ 마~, 얌~ 마, 엄~ 살~

6. '아~~~'로 발성한다. ('아~~~' 발성은 가장 기초적인 발성음이다. 턱을 벌려야 하는 부분이 초보자에게는 어려울 수 있으니 훈련의 1번부터 순차적으로 할 수 있도록 한다.)

7. '아~~~' 발성이 익숙해지고 나면 시작하는 첫음 발성기호를 변환해서 해 보도록 한다. 이때도 충분한 진동이 느껴지도록 해야 한다.

    아~ 에~ 이~ 오~ 우~, 아~ 야~ 어~ 여~ 오~ 요~ 우~ 유~ 으~ 이~

8. '아'와 비슷한 문장을 넣어 발성해 본다. 단, 처음과 같은 공명 강과 목소리 느낌을 유지하며 천천히 실행하도록 한다.

안~~~ 녕~~~ 하~~~ 세~~~ 요~~~

점점 짧게 말한다.

안~~ 녕~~ 하~~ 세~~ 요~~
안~ 녕~ 하~ 세~ 요~

공명을 활용하여 자연스럽게 말한다.

안녕하세요.
안녕하세요. 최/효/정입니다.

(공명을 내기 어려운 경우에는 양손을 둥글게 모아 입과 코를 가리고 '음~~~' 하고 허밍 소리를 내면서 공명에 대한 느낌을 찾아가도록 한다.)

9. '짧은 발성', '긴 발성'을 해 본다. 복식호흡을 통해 숨을 4초간 마신다. 내쉬는 호흡에 짧고 굵게 '아!' 하고 단발 발성을 한다. 처음에는 '아'를 한 번만 실시하고 이후에는 기호를 바꿔서 해 보도록 한다. 짧은 발성을 '긴 발성'으로 바꾸어 해 보도록 한다.

아! 아~~~~~~~~~~~~~~~~~~
마! 마~~~~~~~~~~~~~~~~~
하! 하~~~~~~~~~~~~~~~~~
아! 아~~~~~~~~~~~~~~~~~
라! 랄~~~~~~~~~~~~~~~~~
파! 파~~~~~~~~~~~~~~~~~
악! 악~~~~~~~~~~~~~~~~~

10. 하품 발성으로, 복식호흡으로 목 안을 둥글게 해서 발성 준비를 한다. 자신에게 편안한 높이의 자기 음성을 찾는다. 하품을 하는 것처럼 입 안에 아치를 크게 그리며, '하악~~~' 하고 발성한다.

11. 단계적으로 소리 크기를 조절해 가며 발성해 본다. 괄호 안의 숫자는 소리 크기를 의미한다. 음의 높이는 처음부터 끝까지 똑같아야 한다.

꽃이-피고-새가-우는-봄이-왔네. (20)
물소리-새소리-바람소리-하늘과-땅에-가득하다. (40)
달빛은-호수에-머물고-별빛은-눈 속에-어리네. (60)
두견새-슬피 우는-밤에-잠 못-이루는-연인들이여. (80)

낮고 작은 소리, 크고 높은 소리를 단계적으로 발성해 본다.

하나 하면 하나요. (10) 둘 하면 둘이요. (20)
셋 하면 셋이요. (30) 넷 하면 넷이요. (40)
다섯 하면 다섯이요. (50) 여섯 하면 여섯이요. (60)
일곱 하면 일곱이요. (70) 여덟 하면 여덟이요. (80)
아홉 하면 아홉이요. (90) 열 하면 열이다. (100)

오르내림으로 소리 크기를 조절해 가며 발성해 본다.

일곱 하면 일곱이요. (70) 다섯 하면 다섯이요. (50)
셋 하면 셋이요. (30) 하나 하면 하나요. (10)
넷 하면 넷이요. (40) 여섯 하면 여섯이요. (60)
여덟 하면 여덟이요. (80) 열 하면 열이다. (100)

문장으로 연습해 본다.

남이 누워 있을 때 나는 일어나고 (20)
남이 일어나면 나는 걸어가고 (40)
남이 걸어가면 나는 달려가면서 (60)
열심히 노력하는 사람이 되겠다고 (80)
힘차게 다짐합니다. (100)

희망이 없다 생각하면 희망이 사라집니다. (20)
용기가 없다 생각하면 용기가 사라집니다. (80)
자신이 없다 생각하면 자신이 사라집니다. (40)
사랑이 없다 생각하면 사랑이 사라집니다. (90)
행복이 없다 생각하면 행복이 사라집니다. (30)
고통이 없다 생각하면 고통이 사라집니다. (100)

그대의 가냘픈 목소리는 나를 힘없게 만들고 (10)
그대의 구슬픈 목소리는 나를 슬프게 만들고 (20)
그대의 그늘진 목소리는 나를 괴롭게 만들지만 (30)
그대의 낭랑한 목소리는 나를 생기 있게 만들고 (40)
그대의 즐거운 목소리는 나를 기쁘게 만들고 (50)
그대의 구성진 목소리는 나를 춤추게 만들고 (60)
그대의 촉촉한 목소리는 나를 사랑하게 만들고 (70)
그대의 고요한 목소리는 나를 여유 있게 만들고 (80)
그대의 자신 있는 목소리는 나를 용기 있게 만들고 (90)
그대의 우렁찬 목소리는 나를 배짱 있게 만듭니다. (100)
그대의 우렁찬 목소리는 나를 배짱 있게 만듭니다. (100)

3
분명하게 들린다: 발음

'발음' 때문에 고민하는 사람들이 많다. 발음이 좋지 않으면 의사소통에 직접적인 어려움이 따르기 때문이다. 하지만 걱정하지 말자. 스피치 음성 훈련 가운데 가장 극적으로 효과가 나타나는 영역이 '발음'이니까…. 조금만 신경 써도 달라지는 것을 연사 자신이 먼저 느낄 것이다.

발음이 좋지 않은 가장 큰 이유는 무엇일까?

한국어에서 자음과 모음 체계는 입술, 혀, 턱을 활발하게 움직여서 소리 낼 때 정확한 발음을 구사할 수 있도록 되어 있다. 그런데 이러한 조음기관의 특징을 간과하고, 입 안에서 웅얼웅얼 닫힌 소리를 내면 결코 좋은 발음을 가질 수 없다.

혀의 움직임이 둔하거나 턱을 활발히 쓰지 않는 경우에도 마찬가지다. 표정이 없는 사람일수록 말소리가 작고 발음이 부정확하게 들리는 이유는 얼굴 근육과 턱관절 부위의 근육이 경직되어 있기 때문이다. 한마디로, 좋은 발음은 곧 활발한 에너지가 만들어 내는 결과물이다. 설렁설렁 쉽게 말할수록 발음이 좋을 리가 없다. 누구나 발음의 중요성을 알고 있지만 정작 말할 때, 조음기관을 활발히 움직이지 않으면 발음기호가 흐트러지고 음의 초점이 빗나갈 수밖에 없다. 마치 사진을 찍는데 초점을 명확히 한 상태로 찍지 않으면 피사체가 불분명하게 찍히는 것처럼 말이다. 그래서 카메라 셔터를 누르기 직전처럼 명확하게 방점을 찍어 주는 순간이 있어야 한다.

대부분의 사람들은 책을 읽을 때 눈으로만 읽지 소리 내어 읽지 않는다. 말을 할 때에도 한두 사람 앞에서만 말하지 큰 목소리로 대중을 향해 한마디 한마디 꼭꼭 눌러 말할 일이 잘 없기 때문에 자신이 얼마나 활발하게 입을 움직여 말하는지를 자각하지 못하는 경우가 많다. 그러나 발음이 부정확하면 생각보다 손해 보는 일이 많은데, 가령 뜻 자체를 왜곡할 수도 있고 상대가 몇 번이나 되물어야 겨우 무슨 말인지 알아들을 수 있을 정도로 의사소통의 문제가 있을 수도 있다.

발음 훈련을 한다는 것은 자신에게 집중하는 일이다. 다른 생각에 빠질 수 없고, 동시에 다른 일을 할 수도 없다. 입 모양을 살피고, 음의 초점을 살펴야 하기 때문인데 그 시간만큼은 온전히 집중해서 연습에 임해야 한다. 그래서 스피치 훈련을 학습이 아니라 운동이라 하는 것이다. 머리로 인지하고 생각으로 고쳐지는 게 아니라 몸으로 습득하고 체화하는 과정, 마치 운동을 하듯 꾸준히 습관을 바꿔 나가야 한다. 운동을 하면 어떤가. 처음에는 버겁고 힘들어도 건강상의 수치가 좋아진다거나, 겉으로 보기에도 변화가 느껴진다면 결국 힘들었던 과정은 '건강'이라는 보상으로 돌아오지 않겠는가.

스피치도 마찬가지다. 처음에는 힘이 들어도 꾸준히 호흡, 발성, 발음 훈련을 하다 보면 가장 먼저 연사 자신이 알아차린다. 매일, 자신감이 쌓여 가는 느낌이 들고, 실제로 목소리나 표정, 화법이 바뀌어 가는 것을 주변에서도 알아차린다.

어떤가. 운동하듯 발음 연습을 해 보지 않겠는가?

정확한 발음을 위해 알아야 할 것들이 있다. 발음 훈련에서 가장 중요한 것은 다음의 세 가지 포인트를 지키는 일이다.

첫째, 입을 크게 벌린다.
둘째, 혀, 입술, 턱을 활발히 움직인다.
셋째, 소리 내어 낭독하는 습관을 들인다.

1〉 입을 크게 벌려야 하는 이유

어느 나라 말이든 **모음**은 발음에서 중요한 역할을 한다. 말을 구성하는 뼈대와 같으며 자음을 얹어 말의 기호가 되도록 하는 그릇이기 때문이다.

한국어 발음에서 볼 때, 모음 '**아**'는 입 안의 아치를 넓히는 데 탁월한 효과가 있다. 평소 작은 목소리를 가지고 있거나 입을 크게 벌리는 것이 부담인 이들에게는 바로 이 '아' 발음을 정확하게 연습함으로써 발성통로를 확보하고 정확한 발음의 물꼬가 트이게 할 수 있다. '아' 발성과 '아' 발음을 통해 입을 크게 벌리는 훈련이 지속되면 모음뿐 아니라 자음, 복모음, 겹받침까지 어느새 발음개선이 되어 있을 것이다.

⟨2⟩ 입술, 혀, 턱을 활발하게 움직여야 하는 이유

(1) 입술은 모음을 여는 열쇠

입술은 입을 크게 벌리는 과정을 돕는다. 입술이 활발해지면 모음으로 된 발음기호들을 제대로 움직일 수 있게 되고, 발음 훈련의 기초를 체득할 수 있게 된다. 그래서 입술을 열어 모음 발음을 정확하게 구사한다면 전체 발음의 50% 이상을 개선한 것이나 다름없다. 평소 입 푸는 연습을 수시로 하고, 입술을 활발하게 움직일 수 있도록 양치 전, 후로 입술을 많이 움직여 보아라. 모든 발음이 눈에 띄게 좋아지는 것을 경험하게 될 것이다.

(2) 혀는 말의 초점을 찍는 열쇠

발음이 부정확한 사람들의 특징을 살펴보면 '혀'의 움직임이 좋지 않은 경우가 많은데, 본래 혀의 기능 자체가 둔해서인 경우도 있고, 에너지를 쓰지 않은 채 설렁설렁 말해 온 탓에 생긴 습관일 수도 있다. 하지만 발음이 좋지 않다면 우선 발음 진단의 본질적인 부분으로 볼 때, 각 기호마다 혀뿌리를 어디에 두어야 할지 몰라서 생긴 문제가 많다.

한국어 발음은 음가를 정확히 찍는 것에서부터 정확성이 이루어진다. 이때 혀의 위치가 중요한데, 만약 발음이 좋지 않다면 각 기호마다 혀의 위치가 어느 지점에 위치하고 있어야 하는지를 익혀야 한다.

혀는 말의 초점을 정확하게 할 뿐만 아니라 카메라의 렌즈와 같이 선명한 특징을 나타내는 데 중요한 역할을 한다.

말의 톤과 정확성에 영향을 주므로 예제를 보며 여러 번 연습하고 체계를 익히도록 하자.

(3) 턱은 자신감을 여는 열쇠

턱의 움직임을 활발하게 하는 것은 발음뿐 아니라 자신감을 높이는 훈련과도 관련이 있다. 턱 주변부 근육을 활발히 움직이면 다양한 표정이 생기고, 큰 목소리로의 전환도 가능해진다. 때문에 턱을 어떻게 쓰느냐에 따라 달라지는 연사의 표정과 자세 이미지도 함께 훈련되어야 한다. 이 책의 이미지 장 체스(CHES) 법칙을 참고하여 턱 위치와 이미지의 상관관계에 대해서도 익혀 두자. 자신감이 있어 보이려면 턱을 조금 들고, 정확한 발성과 목소리 울림에 집중하려면 턱을 약간 당기면 된다.

턱을 움직이는 훈련만으로도 스피치와 이미지 개선이라는 일석이조의 효과를 기대할 수 있다.

③ 소리 내어 발음하기(발음 연습 – 훈련 편)

주의사항
1. 기본 호흡, 발성 훈련(앞장), 얼굴 주변부 근육을 풀고 난 후, 발음훈련에 들어간다.
2. 연습 중간에 물을 조금씩 마신다.
3. 정확한 개선을 위해서는 개인 연습과 전문가 코칭을 병행하여 실시하도록 한다.

발음 훈련 독학 Tip
1. 숨을 들이쉰 후에 충분한 양의 숨을 가지고 말한다.
2. 하나하나 분명하게 발음한다.
3. 모음을 우선적으로 훈련한다.
4. 조음기관(입술, 혀, 턱)을 방법에 따라 제대로 움직여야 한다.
5. 파열음(ㅋ, ㅌ, ㅍ)은 부드럽게 발음한다.
6. 모음 발음기호 → 입술, 혀, 턱 연습기호 → 자음 발음기호 → 단어 → 문장 순으로 연습한다.
7. 모든 발음은 먼저, '모양'을 연습한 뒤에 '소리'를 얹는다.
8. 말머리는 부드럽게 말꼬리는 분명하게 연습한다.

4 표준 발음법

1. 자음과 모음

1) 자음

ㄱ ㄲ ㄴ ㄷ ㄸ ㄹ ㅁ ㅂ ㅃ ㅅ ㅆ ㅇ ㅈ ㅉ ㅊ ㅋ ㅌ ㅍ ㅎ

2) 모음

ㅏ ㅐ ㅑ ㅒ ㅓ ㅔ ㅕ ㅖ ㅗ ㅘ ㅙ ㅚ ㅛ ㅜ ㅝ ㅞ ㅟ ㅠ ㅡ ㅢ ㅣ

2. 받침의 발음

1) 받침소리는 'ㄱ, ㄴ, ㄷ, ㄹ, ㅁ, ㅂ, ㅇ'의 7개 자음만 발음한다.

키읔	[키윽]	옷	[옫]
웃다	[욷:따]	왔다	[완따]
낱:말을	[난:마를]	있는데도	[인는데도]
햇빛이	[해/핻삐치]	꽃	[꼳]
얕거나	[얃꺼나]	닭다	[닥따]

2) 받침 'ㅁ, ㅇ' 뒤에 연결되는 'ㄹ'은 [ㄴ]으로 발음한다.

침략	[침냑]	대통령	[대:통녕]
항로	[항:노]	강릉	[강:능]

3) 'ㄴ'은 'ㄹ'의 앞이나 뒤에서 [ㄹ]로 발음한다.

신라	[실라]	대관령	[대:괄령]
천리	[철리]	논리	[놀리]

3. 모음연습

① 아, 에, 이, 오, 우
② 오, 에, 이, 오, 우
③ 에, 아, 우, 오, 아
④ 이, 아, 오, 에, 우

4. 입술, 혀, 턱 연습기호

> **효과적인 훈련 Tip**

4음절당 박수한번, 마지막은 5음절로 마무리 (노래하듯이)

                            4   4   4   4   5

입술 훈련: 맘맘맘맘 멤멤멤멤 밈밈밈밈 몸몸몸몸 뭄뭄뭄뭄뭄
혀 훈련 1: 난난난난 넨넨넨넨 닌닌닌닌 논논논논 눈눈눈눈눈
혀 훈련 2: 랄랄랄랄 렐렐렐렐 릴릴릴릴 롤롤롤롤 룰룰룰룰룰
턱 훈련: 카카카카 케케케케 키키키키 코코코코 쿠쿠쿠쿠쿠
복식기호 훈련: 하하하하 헤헤헤헤 히히히히 호호호호 후후후후후
짧은 발성: 아! 에! 이! 오! 우!

5. 입술 모양을 정확하게 하는 훈련

- 'ㅁ', 'ㅂ', 'ㅍ' 받침이 나오는 글자를 읽을 때는 입술을 닫는다.

예문	틀린 표현	바른 표현
심각한 표정 →	싱각한	심각한
무기를 숨기고 →	숭기고	숨기고
탐스럽게 익은 감 →	탐스럭게	탐스럽게
잘 자 내 꿈 꿔 →	내 꿍 꿔	내 꿈 꿔
선생님께 갖다 드려라 →	선생닝께	선생님께
국민의 심부름꾼이 됩시다 →	심부릉꾸	심부름꾸니
의롭고 장한 청지기가 있어 →	으이록고	으이롭고
어렵게 사는 사람들 →	어력게	어렵게
더욱 자유롭고 편한 세상 →	자유록고	자유롭고
자연스럽게 말해요 →	자연스럭게	자연스럽게
현실성이 거의 없기 때문에 →	억기 때무네	없기 때무네
죽고 싶기야 하겠어? →	식기야	싶기야
친구와 놀고도 싶고 →	식고	싶고

- '와'나 '화'를 '아', '하'로 잘못 발음하는 경우

예문	틀린 표현	바른 표현
만나 뵙게 돼서 영광입니다 →	영강	영광
좌절과 절망보다 희망을 →	자절가 절망	좌절과 절망
완전하게 만들었습니다 →	안전하게	완전하게
청결한 화장실 →	하장실	화장실
환경을 지킵시다 →	한경을 지킵시다	환경을 지킵시다

- 'ㅚ'를 'ㅐ'로 발음하는 경우

예문	틀린 표현	바른 표현
원칙도 무시된 채 →	무시댄 채	무시된 채
사회적 책임 →	사해적 책임	사회적 책임
다시 일할 기회를 주세요 →	기해를	기회를
역시 당신이 최고다 →	채고다	최고다

- '윗'을 '잇'으로 잘못 발음하는 경우

예문	틀린 표현	바른 표현
뒷사람도 생각해야죠 →	딧사람도 생각해야죠	뒷사람도 생각해야죠
윗물이 맑아야 →	잇물이 맑아야	윗물이 맑아야

- 'ㅡ'를 'ㅓ'로 발음하는 경우

예문	틀린 표현	바른 표현
음식 →	엄식	음식
음악 →	엄악	음악
금요일 →	검요일	금요일
늠름한 →	넘럼한	늠름한
흥분 금지 →	헝분 검지	흥분 금지

6. 혀의 위치를 정확히 해야 하는 훈련

- 'ㄴ' 받침을 'ㅇ', 'ㅁ'으로 읽지 않도록 한다.

예문		틀린 표현	바른 표현
한강은 흐른다	→	항강	한강
반복해 들어봐요	→	밤복해	반복해
군것질하면 살찐다	→	궁것질	군것질
무척 반길 것입니다	→	방길 것	반길 것
민족의 선각자들의 넋에 사죄하며	→	성각자들	선각자들
준비를 잘하자	→	줌비를	준비를
그만큼 중요하다	→	그망큼	그만큼
건강과 운동	→	겅강	건강

- 'ㅆ'이나 'ㅅ'을 제대로 발음하도록 한다.

예문		틀린 표현	바른 표현
잘못했기 때문이다	→	잘못핵기	잘못했기
충실했기 때문이다	→	충실핵기	충실했기
사업을 시작했고	→	시작핵고	시작했고
자신 있게 권합니다	→	자신 익게	자신 있게
신나게 춤을 추었고	→	춤을 추억고	춤을 추었고
열심히 하지 않았기 때문인 것이니	→	안악기	안았기
뱃길을 따라	→	백길을 따라	뱃길을 따라
껍질을 벗길 수는 없었습니다	→	벅길 수는	벗길 수는
바닷가의 추억	→	바닥가에	바닷가에

- 'ㄷ'을 'ㄱ'으로 발음하지 않도록 한다.

예문	틀린 표현	바른 표현
굳게 다짐합니다 →	국게	굳게

- 'ㅈ'을 'ㄱ'으로 잘못 발음하지 않도록 한다.

예문	틀린 표현	바른 표현
기쁨을 되찾고 →	되착고	되찾고
인원에 맞게 선물을 준비해야지 →	막게	맞게

7. 턱을 제대로 움직이는 훈련

- '의' 자 발음을 유의해서 하도록 한다.

  '의' 자는 오는 위치에 따라 다음과 같이 세 가지로 소리가 난다.

  첫째, '의' 자가 낱말의 첫음으로 올 때 → '으이'에 가까운 발음
  예) 의사, 의무, 의자, 의사당, 의인, 의로움, 의정활동

  둘째, '의' 자가 낱말의 중간이나 끝에 올 때 → '이' 발음
  예) 정의(정이), 정의감(정이감), 동의(동이), 고의로(고이로), 수의사(수이사)

  셋째, '의' 자가 조사(토씨)로 올 때 → '에' 발음
  예) 자유의 깃발(자유에 깃발), 우리의 소원(우리에 소원), 이 연사의 주장
  (이 연사에 주장)

넷째, 한 문장 내 '의' 자의 다양한 쓰임

예) 민주주의 시대의 의로운 정의의 용사

→ 민주주이 시대에 으이로운 정이에 용사

- 장, 단음을 구별해서 발음하도록 한다.

    말과 말: (말 타기 – 말:하기)

    눈과 눈: (눈병 – 눈:사람)

    고전과 고:전 (고전하는 – 고:전 읽기)

    이사와 이:사 (집 옮기는 이사 – 김 이:사님)

    조사와 조:사 (사건조사 – 품사중의 조:사)

    사는과 사:는 (물건을 사는 – 오래 사:는)

    사전과 사:전 (사전 찾기 – 사:전에 예방)

    사상과 사:상 (철학과 사상 – 사:상자 명단)

8. 그 외 발음연습 모음

좌회전 우회전 좌회전 우회전

화난 표정보다 환한 표정을 지으세요.

동물 학대가 확대되고 있습니다.

접근금지구역으로 적군이 접근해 옵니다.

수학을 만점 받는 수확이 있었습니다.

자네는 좌뇌가 발달한 것 같네.

우리가 지향할 것과 지양할 것을 지정합시다.

이로움보다 의로움을 생각합시다.

저기 저 말뚝은 말 맬 말뚝이냐, 말 못 맬 말뚝이냐?

간장 공장 공장장은 강 공장장이고 된장 공장 공장장은 장 공장장이다.

한양 양장점 옆에 한영 양장점 한영 양장점 옆에 한양 양장점

이분이 박 법학 박사이시고 저분은 백 법학 박사이시다.

밤섬 봄 벚꽃놀이는 낮 봄 벚꽃놀이보다 밤 봄 벚꽃놀이가 더 좋다.

한강 강나루 큰 강 강나루 동강 강나루 맑은 강나루

옆집 백 집사님 방에 한 권사님이 들어가신다.

강원강릉 특허허가과 허가과장 장 과장

강낭콩 옆 빈 콩깍지는 완두콩 깐 빈 콩깍지고 완두콩 옆 빈 콩깍지는 강낭콩 깐 빈 콩깍지다.

작년에 온 솥 장수는 헌 솥 장수이고, 금년에 온 솥 장수는 새 솥 장수다.

중앙청 철창살 쌍 창살, 철도청 쇠창살 겹 창살.

큰 북에 붓으로 정확히 쓴 정자체 붓글씨는 전 선생 생일날 쓴 북에 쓴 붓글씨다.

노랑 색상 상표 붙은 은색 쇠 수세미, 금색 색상 상표 붙은 노란색 밥주걱

9. 낭독코너 (소리 내서 읽어 보고, 녹음한 후 들어본다)

우리 민족은 우리말을 아끼고 지켜 왔다.
            [우리말]   [왇때]

그리고 독창적인 우리 글자를 만들어 사:용하면서 문화를
                  [글짜]

발전시켜 왔다. 그런데 요즈음에는 아름다운 우리말을 살려
[발쩐시켜]   [살려]

쓰지 않고 다른 나라의 말:을 함부로 섞어 쓰기 때문에
    [안코]   [서꺼]

아름다운 우리말을 잃어버리고 있다.
             [이러버리고]

우리 민족은 일본의 침:략을 받으면서 하마터면 우리말을
               [침:냐글]

잃어버릴 뻔한 뼈아픈 기억이 있다. 나라를 되찾고 나서도
[이러버릴]   [읻때]

일본어 낱:말을 많:이 사:용해 왔다.
      [난:마를][마:니]

그러나 우리말 사랑 운동을 꾸준히 해: 오면서 오늘날에는
                          [해:]

일본어 낱:말을 섞어 사:용하는 사:람이 많:지 않다.
    [난:마를] [서꺼]   [만:치] [안타]

그런데 요즈음에는 영어 낱:말을 그대로 받아들여 사:용하는
                [난:마를]

경우가 많:다. 우리말에 적절한 낱:말이 없:어서 그대로
　　　　　[만:타]　　　　　[쩔] [난:마리][업:써서]

받아들인 영어 낱:말은 어쩔 수 없:다고 하더라도,
[바다드린]　　　[난:마른]

영어 낱:말을 아무 생각 없이 섞어 쓰는 버릇은
　　　　[난:마를]　　　　　　[서께]

고쳐야 할 것이다. '공책'이라는 우리말이 있는데도
　　　　　　　　　　　　　　　　　　　　　　[인]

'노:트'라고 한다든지, '열쇠'를 '키:'라고 하는 것은
[노:트]　　　　　　　　　　[키:]

분명 잘못이다. 우리말에는 아름다운 말:이 많:이 있다.
　　　　　[모시]　　　　　　　　　　[마:니]

햇빛이 나 있는 날에 잠깐 오다가 그치는 비는 '여우비',
[해/핻삐치][인]

바닥이 얕거나 좁아 물살이 세:게 흐르는 곳은 '여울',
　　　　　　[얃꺼나]

모르는 사이에 조금씩 조금씩은 '시나브로'라고 한다.
이런 말들은 느낌이 부드럽고, 듣기만 해:도
　　　　　　　　　　　　　　　[꾀] [끼] [해:]

아름다움이 절로 느껴진다. 우리말에는 민족의 얼과 문화가
고스란히 담겨 있다. 우리 모두 바른 말, 고운 말, 아름다운
　　　　　　　　　　　　　　　　[읻따]

말을 살려 쓰는 우리말 지킴이가 되도록 노력해야겠다.
　　　　　　　　　　　　　[지키미]　　　[노려캐야겓따]

10. 날씨(발음 연습원고)

오늘도 전국 대:부분 지방의 기온이 31도 안팎까지 올라가는
                [대:부분 찌방]

더운 날씨가 계:속되겠습니다.

오늘 낮 최:고기온은 대구와 포항 33도를 비롯해
[오늘 랃]   [비로태]

강릉과 전주 31도, 서울은 2:9도로 어제와 비슷하거나
[강능]   [비스타거나]

조금 높겠습니다. 오늘은 전국에 구름이 많이 끼는 가운데
경기도와 강원도 북부 지방에는 천둥, 번개와 함께
                [북부 찌방]

소나기가 오는 곳이 있겠습니다.

바다의 물결은 모:든 해:상에서 1~2미터로 낮게 일겠지만
          [물껴른]   [일리미터]

해:상에는 짙은 안:개가 끼겠습니다.

내일 중부 지방은 새벽부터 비가 시작되겠고, 남부 지방도
       [중부 찌방]   [남부 찌방]

점:차 흐려져 오:후부터는 장맛비가 내리겠습니다.
                [장맏삐]

내일 예:상되는 비의 양은 5에서 30mm가량 되겠고,
                     [삼십밀리미터까량]

이번 주 일요일까지 우리나라는
[이번 쭈]

계:속해서 장마전선의 영:향을 받겠습니다.

4
지루함이란 없다: 어조

 목소리를 들어보면 사람마다 특유의 개성이 있음을 알 수 있다. 이것은 선천적인 '목소리 싹'과 후천적인 언어습관에 따라 형성되는 개인의 특징인데, 우리가 어떤 사람을 직접 만나지 않고 전화 목소리만 들어보아도 성품이 느껴지는 원리와 같다. 물론 '용어의 선택'처럼 말의 내용을 들어 보아야 판단되는 측면도 있지만, 보이스컬러에서 느껴지는 감성적인 뉘앙스와 표현력은 말하는 이의 개성을 직관적으로 알 수 있는 대목이다. 이를 스피치의 음성학에서 살펴보면 '어조' 부분이라 할 수 있다.

 당신은 어떤 목소리에 호감을 느끼는가? FM 음악도시를 진행했던 성시경의 달달한 보이스, 아니면 이선균의 동굴 보이스, 최화정의 상쾌한 보이스, 아니면 수애의 지적인 보이스? 이들처럼 당신도 목소리에 수식어가 붙어 있는가. 가령 따뜻한 목소리라든지, 아나운서 같은 목소리라든지…. 또 만약 당신에게 '목소리 별명'을 붙인다면 어떤 수식이 들어간 별명을 갖고 싶은가? 어떤 별명이든 긍정적이고 매력적인 목소리로 평가받고 싶지 부정적인 평가를 받고 싶은 사람은 없을 것이다. 생동감 있는 어조는 같은 말이라도 뉘앙스에 따라 전혀 다른 말이 된다. 이것은 마치 무미건조한 말투를 유쾌한 말투로 되살리는 역할을 하는데 평소 높낮이의 변화가 없고, 단조로운 어조를 가지고 있을수록 훈련이 필요하다. 말의 오르내림, 늘이고 멈추는 어조 훈련만으로도 생동감 있는 스피치가 되니 4가지 어조를 익혀 보자.

1> 4가지 어조 훈련

(1) 높임 어조 훈련

핵심어, 강조 지점에 사용한다. 굵게 표시된 부분에서 톤을 높이고 목소리를 크게 해 보자.

접시는 그 **소리**로써 그 장소에 있나, 없나를 알고, 사람은 그 **말**로써 그의 지식이 있나 없나를 판단할 수 있다.
평생 선을 향해도, 한마디 **말의 잘못**으로 이를 깨트린다.
새가 장차 죽으려 할 때는 그 **울음**이 슬프고, 사람이 장차 죽으려 함에 그 **말**이 착하다.
고기는 **낚시 바늘**로써 잡고, 사람은 말로써 잡는다.
우리가 생각하는 것은 **호감** 아니면 **혐오감**이다.
무장 해제보다 **정신 해제**가 선행되어야 한다.
많은 여자들이 **혼자 있는 데** 지쳐서 결혼하고, 많은 여자들이 **혼자 있는 데** 지쳐서 이혼한다.

양떼 무리의 훌륭한 구성원이 되기 위해서는 무엇보다도 **양**이 되어야 한다.

완벽함을 추구하지 말고 **성공**을 추구하라. 실수할 권리를 **절대**로 포기하지 마라.

(2) 낮춤 어조 훈련

여운을 줄 때 사용한다. 굵게 표시된 부분에서 톤을 낮추고 목소리의 볼륨도 줄여 표현해 보도록 한다.

우리 직장인들이 그렇게 휴식 없이 계속 몸을 무리하다가 보면, **죽을 수도 있다.**

세월은 이렇게 흘렀어도 그 정신은 아직도 **우리들의 가슴에 살아 숨 쉬고 있다.**

행복 없이도 행복하다고 느낄 수 있는 것, **그것이 바로 행복이다.**

커튼이 내려지면 **무대를 떠날 시간이다.**

내가 아버지와 똑같은 모습을 하고 있을 때, **아버지는 자주 화를 내셨다.**

(3) 늘임 어조 훈련

제스처가 들어가는 부분, 강조 지점, 말을 늘려야 할 부분에서 사용한다. 제스처와 함께 연습하면 효과적이다. 굵은 표시로 되어 있는 부분을 음악의 이음줄과 같이 표현하도록 한다.

연단에서 긴장을 하지 않으려면 먼저 **완벽하게 하려는 욕심**을 버려야 한다.

여러분! 우리가 진짜 행복하려면 **행복 없이도 행복하다고** 느낄 수 있어야 한다.

자기 집이 있는 곳이 아니라 자기를 **이해해 주는 곳이** 고향이다.

세상에서 일어나는 모든 문제가 해결되지만, **인간이 어떻게 살아야 하는가** 하는 문제는 해결할 수 없다.

우리는 조상으로부터 이 땅을 물려받은 것이 아니라, **후손에게서 이 땅을 빌려 쓰는** 것이다.

(4) 멈춤 어조 훈련

반전을 주고 싶거나, 크게 집중시킬 때, 걸음걸이와 같은 움직이는 제스처를 넣고자 할 때 사용한다. (///) 부분 앞에서 끊고, 3박자를 기다린 다음 말을 이어서 마무리한다.

멈춘 부분 다음에 말을 시작할 때 말이 처지지 않도록 해야 한다.

어떤 일이든지 실력을 향상시키는 제일 확실한 비결은 /// 바로 열심히 연습하는 것이다.

결혼이란 것은 /// 해도 후회하고 안 해도 후회할 것이다.

신이 우리에게 무거운 짐을 지웠지만 /// 어깨도 주셨다.

연설은 /// 믿음을 일깨워 주는 기술이다.

5
운동하듯 목소리를 바꾼다: 낭독

자신의 목소리를 자세히 들어본 적 있는가?

스스로 자기 목소리를 인식하기란 매우 어려운 일이다. 객관적으로 자신을 살피는 자체가 낯선 일이기도 하고, 애초에 좋고 나쁨을 명확하게 구분할 전문성이 없기 때문이다. 그러나 마음먹고 '목소리를 한번 좋게 바꾸고 싶다'라는 의지가 생겼다면 일단 내 목소리를 녹음해서 자세히 들어보아야 한다.

'아! 내 목소리의 느낌이 이렇구나.'

의도적으로 자기 목소리를 녹음해 보는 것이다. 처음에는 어색한데 자주 들어보면 전에는 알지 못한 새로운 발견을 하게 될 것이다. 자주 사용하는 단어, 목소리에서 묻어나는 그날의 감정, 말실수 혹은 보이스 느낌…. 한때 일기를 글로만 쓰는 게 아니라 음성으로 녹음하는 것이 유행일 때가 있었는데 지금 생각해 보면 목소리를 바꾸는 데는 아주 좋은 방법인 것 같다.

왜 그렇게 녹음을 해 보라고 하는 것일까? 필자가 목소리 녹음을 강조하는 이유는 명확하게 자기 목소리를 알지 못한 채 목소리 훈련을 시작하는 것은 별 의미가 없기 때문이다.

심지어 목소리 부분은 포기하고, 그냥 말을 술술 잘할 수 있게만 해 달라고 요청하는 연사들도 있었다. '목소리 훈련을 받는다고 해도 얼마나 개선되겠어?' 하는 생각 때문인데 반신반의하는 심경이 들더라도 일단 목소리 녹음을 자주 해 보길 바란다. 아무리 내용이 훌륭해도 목소리에서 느껴지는 전달력이 성의 없다면 청중은 귀 기울일 마음이 없어진다. 목소리는 언어를 표현하는 가장 강력한 '도구'이지 않은가, 녹이 슨 도구로는 좋은 결과물을 만들어 낼 수가 없다.

"박사님 제 목소리를 제가 들어보니 너무 이상해요. 생각보다 더 별로네요. 제 목소리 참 안 예쁜 것 같아요."

겨우 마음먹고 목소리 녹음까지는 해 보았는데 직접 들어보았더니 웬걸, 목소리가 너무 별로라고들 한다. 반대로 말하는 사람은 없다. 하나같이 자기 목소리는 별로라고 한다. 사람들은 왜 이렇게 '자기 목소리'를 싫어할까?

자기 목소리를 듣는다는 것은 자신을 민낯으로 만나는 일이다. 그러니까 자신의 목소리를 들어보는 일은 온전히 벌거벗은 자신과 마주하는 것이나 다름없는 일로 받아들이는 것이다. 특히나 더 격렬하게(?) 불편함을 드러냈던 사람일수록 목소리와 관계된 상처가 있었거나 부정적 경험이 있었던 사람이었다.

필자는 그래도 매일 낭독할 것을 주문한다. 소리 내어 신문을 읽고, 책을 읽고, 하다못해 지나가며 보이는 간판이라도 읽으며 리딩한 것을 녹음해 보라고 주문한다. 아침에 일어나 물을 한 컵 마시듯이, 스트레칭을 하고 정해진 시간에 밥을 먹듯 매일 음성 녹음을 해서 들어보면 어느 날에는 '어랏? 목소리가 좀 바뀌었네?' 하고 느끼는 날이 올 것이다.

자기 목소리의 '비포(Before), 애프터(After)'는 꾸준히 리딩을 하고 음성을 들어본 사람만이 느끼는 영역이다. 여기서 중요한 포인트는 운동하듯 꾸준히 해야 한다는 점이다.

자기 목소리를 매일 녹음해 보고 들어보는 것 이상의 좋은 스승은 없다. 스피치를 지도하는 사람은 전문성을 가지고 목소리의 고저장단, 보이스컬러의 특징을 곧바로 캐치할 수는 있어도 마술을 부려 드라마틱하게 바꿔 줄 순 없다. 결국 길을 알려 줄 수는 있어도 당사자 스스로가 길을 찾아가야 한다는 말이다. 잊지 말자. 병원에 가서 건강검진을 하듯, 스피치 강사에게 가서 달라진 목소리에 대해 점검받고 목이 상하지 않는 발성관리 법이나 요령, 톤 조정을 코칭 받되 목소리를 바꾸는 주체는 나 자신이라는 사실을….

'꾸준함'만큼 위대한 것은 없다. 목소리 하나를 바꾸기 위해 그 정도의 시간과 노력을 해야겠느냐? 모르시는 말씀. 목소리 하나만 바뀌어도 인생이 바뀐다.

낭독 실천하기

낭독 계획을 세우고, 목표한 일수만큼 낭독을 실천해 보도록 하자. 신문 칼럼 한 편, 책의 한 장, 시 무엇이든 좋다. 휴대전화 녹음 기능을 활용해 낭독 후, 녹음된 자기 목소리를 들어보도록 하자.

30일 낭독 체크리스트

월/일	낭독 내용 (책/칼럼주제)	녹음 여부	음성메모 청취 여부	전날보다 개선된 점	개선할 점
/					
/					
/					
/					
/					
/					
/					
/					
/					
/					
/					
/					
/					

월/일	낭독 내용 (책/칼럼주제)	녹음 여부	음성메모 청취 여부	전날보다 개선된 점	개선할 점
/					
/					
/					
/					
/					
/					
/					
/					
/					
/					
/					
/					
/					
/					
/					
/					
/					
/					
/					
/					

월/일	낭독 내용 (책/칼럼주제)	녹음 여부	음성메모 청취 여부	전날보다 개선된 점	개선할 점
/					
/					
/					
/					
/					
/					
/					
/					
/					
/					
/					
/					
/					
/					
/					
/					
/					
/					
/					
/					
/					

Part 4
몸짓언어로 승부하라

1
말보다 강한 '몸짓'의 힘

사람들은 자신도 모르게 몸을 움직인다. 깜짝 놀랄 만한 일이 있을 때 순간적으로 눈을 동그랗게 뜨는 것, 머쓱할 때 머리를 만지는 것, 어찌할 바를 모를 때 손을 만지작거리는 것, 추우면 자신도 모르게 팔짱을 끼는 것, 아무것도 하지 않을 때 먼 곳을 응시하게 되는 것 모두 잠시라도 멈추지 않고 움직이며 살아가기 때문이다. 잠깐의 어색함이나 공백을 참지 못해서만은 아니다. 자신을 보호하려는 방어체계와 자신의 상태를 알리려는 신호체계, 몸짓이 가진 본연의 '언어체계'를 은연중에 표출하려는 심리적 기제 때문이다.

만약 당신이 누군가와 대화하는데 '말(speech)'로만 의사소통을 하려 한다면, 보나 마나 당신의 소통능력은 하수다. 《몸짓을 읽으면 사람이 재미있다》의 저자 최광선은 우리가 타인과 소통할 때는 언어(speech)만으로 소통하고 있지 않고 표정과 몸짓으로 더 강력한 메시지를 전달하고 있음을 책을 통해 밝힌 바 있다. 표정과 몸짓은 언어보다 더 강하게 친밀함, 거부감, 노여움을 전하는 도구이고, 이는 말로 전달되는 메시지뿐만 아니라 감추고 싶은 메시지까지 숨김없이 나타낸다는 것이다. 필자 역시 손짓, 눈짓, 몸짓 제스처 등 비언어적 요소들이 커뮤니케이션의 송출 범위에 한정되어 있지 않다고 보고 스피치 훈련에 있어서도 매우 중요한 요소로 꼽고 있다.

메라비언의 법칙(The Law of Mehrabian)에 따르면, 말의 내용보다 시각 요소와 청각 요소가 타인을 설득하는 데 먼저 고려되어야 할 사항이라고 한다. 이는 연사가 구체적인 내용(contents)을 설명하려 하기 전에, 이미지로 보여 주거나 청각적 콘텐츠를 들려줄 때 이미 내용의 뉘앙스를 직감할 수 있게 되는 것과 마찬가지인데, 목소리, 손짓, 눈짓을 비롯한 '몸짓언어' 전반은 이미 보조적 의사소통 도구로서 훌륭한 체계를 갖추고 있기 때문이다. 어쩌면 연설 도중 연사가 생각하는 중요한 대목을 청중이 먼저 알아차릴 수 있다. 연사의 장황한 설명을 듣기 전에 그가 취하고 있는 자세와 몸짓이 이미 그 중요성을 표출하고 있기 때문이다. 그러므로 연설을 준비하고 있는 예비 연사라면 스피치 연습과 함께 말보다 강한 제스처를 연구해야 한다.

몸짓언어의 적극적인 사용, 청중을 설득하고 싶다면 필수요건이다. 당신이 말하고자 하는 콘텐츠에 진심을 담아 표정, 손짓, 몸짓으로 마음을 드러내라. 예를 들어 환희에 찬 감정을 드러내고 싶다면 그에 어울리는 표정을 짓고 팔을 뻗어 온몸으로 환희를 말하라. 반대로 주장하는 바를 굽히고 싶지 않다면 그에 맞는 표정을 짓고 단호한 움직임을 보여라. 말로써 모든 감정을 설명하는 것보다 훨씬 효과적이라는 사실을 금방 알 수 있을 것이다.

하지만 의도한 바를 곧바로 몸짓에 나타내기란 쉽지 않다. 공식석상에서의 몸짓표현에 익숙한 사람은 숙련된 연기자나 강연자인 경우가 많은데 일반적인 상황에서 보통의 연사들이 일상의 감정을 무대 위에서 표출하기란 쉬운 일이 아니다.

특히 유교문화권에서 자라온 기성세대는 웃음이 터져 나오는 이야기를 듣더라도 도중에 큰 소리로 웃지 못했고, 슬픈 일에도 소리 내어 우는 법을 배우지 못했다. 반대로 감정을 곧바로 드러내는 것은 예의가 아니라고 배웠다.

그러나 이제는 자기표현의 시대가 되었다. 감정 그대로의 생생함, 표현의 다양성이 인정되고 개인의 개성이나 특징으로 존중받는 시대가 된 것이다. MZ 세대의 자유분방함은 곧 뉴미디어 시대의 표현이 되었고, 표현은 곧 의사소통에 있어 콘텐츠 그 자체로 진화했다. 몸짓과 제스처 전반, 표정과 복장으로 말하는 시대, 표현은 오히려 연사의 매력을 어필하는 강한 언어수단이 되었다. 당신은 주로 어떤 몸짓으로 의사 표현을 하는가? 목소리 녹음처럼 한동안 관찰카메라를 설치해 놓고 당신의 행동을 관찰하면 좋겠지만 그것은 여의치 않을 것이고, 대신 스스로 주로 사용하는 제스처나 표정, 행동패턴을 지인들에게 한번 물어보길 바란다. 대부분의 사람들은 '자기만의 행동 패턴'이 있기 마련이다. 책 《루틴의 힘》에서 행동 심리학자 댄 앨리얼리는 '사람들은 자신의 산만함을 스스로 인지하지 못하는 반면, 자주 만나는 가까운 지인들은 그의 독특한 행동모션이나 패턴을 쉽게 찾을 수 있다'고 말했다. 이를 '비이성적 성향의 행동패턴'이라 하는데 그만큼 자신의 무의식적 행동 패턴을 인지하지 못한다는 것이다. 하지만 스피치의 무대에서는 바로 이 '무의식적 행동패턴'이 여과 없이 드러나면 곤란하다. 청중에게 전달되는 메시지의 해석 자체가 오해받을 수 있기 때문이다.

그렇다면 몸짓은 수정되고 개발될 수 있을까?
결론부터 말하면, 인지함으로써 행동수정이 가능해진다. 즉, 지금 하고 있는 부정적 표현의 몸짓이 오해를 불러일으킬 수 있다는 점을 연사 스스로 인지할 수 있어야 한다. 그런 다음에는 몸짓의 긍정적 표현을 익힘으로써 수정될 수 있다. 또 조금 다른 측면도 있는데 이는 애초부터 몸짓의 사용 자체가 묶여 있었던 경우이다. 할 말은 많지만 심리적 기제이든, 유교적 학습의 결과이든 몸이 하는 말을 의도적으로 제한했을 경우 몸의 표현은 묶여 버린다. 필자는 유난히 엄격한 부모에게서 성장한 사람일수록 연단공포가 심하고 무대에 대한 두려움이 크다는 사실을 발견할 수 있었는데 상담을 해 보면 그 원인을 쉽게 찾을 수 있었다. 언제나 바른 자세, 바른 정렬, 바른 생활을 끊임없이 요구받아 왔기 때문이다. 어찌 보면 '몸'이 할 수 있는 말의 표현을 규제해 온 것이다. 이 경우 몸과 말의 경계를 깨뜨림으로써 표현력을 개발할 수 있다. 만약 전하고자 하는 메시지를 언어만으로 전달한다면 그 과정에서 반대로 언어를 제한해 보자. 그럼 어쩔 수 없이 몸짓만으로 표현해야 하지 않겠는가? 애초에 우리는 말을 배우기 전 손짓, 몸짓으로 의사표현을 해 왔다. 바로 그 방법으로 몸짓을 다시 개발할 수 있다.

먼저, 거울 앞에 서서 짧은 문장의 말에 제스처나 강조지점을 넣어 제스처를 취해 보자. 말의 모든 부분을 수화를 하듯 전부 다 표현할 필요는 없다. 단지 꼭 강조하고 싶거나 표현하고 싶은 부분이 어디일지 감을 잡아 봄으로써 표현 연습의 물꼬를 틔울 수 있다.

말(speech)이 생각과 감정을 담는 그릇이라면, 몸은 말의 모든 것을 구현하는 집이다. 이제부터라도 몸짓이 하는 말을 주의 깊게 살펴보자. 말보다 더 강한 힘, 몸짓에 있다.

몸짓을 체크해 보자
1. 할 말을 준비해 보라.
2. 내용에 맞는 표정을 짓고 있는가.
3. 꼭 하고 싶은 말에 어떤 몸짓이 사용되고 있는가.
4. 시선은 골고루 보고 있는가.
5. 자세는 바른가.
6. 손은 적절하게 사용되고 있는가.
7. 표정은 다양한가.

몸짓은 생각에 어떤 영향을 끼칠까?
지금부터 팔짱을 껴 보세요. (실제로 팔짱을 껴 본다.)
고개를 45도 기울여 보시고요. (고개를 갸우뚱 기울여 본다.)
시선은 살짝 대각선 하늘을 보든지 눈을 감고 있어도 좋습니다. (고개를 기울인 상태에서 하늘 방향을 바라본다.)
어때요? 지금부터 무언가를 생각해야 할 것 같지 않나요.
이번에는 팔짱을 풀고, 자신의 양쪽 팔꿈치를 감싸 안아 보세요.

네, 팔을 교차해서요.

그리고 쓰담쓰담. (팔꿈치를 문지르듯)

어때요? 왠지 나를 위로하는 것 같지 않나요.

자, 다시 팔짱을 껴 보도록 하세요.

허리를 꼿꼿이 세우고요. 그런 다음, 턱을 한번 들어보세요.

어때요? 왠지 앞에 있는 제가 가소롭게 보이지 않나요.

자, 이번엔 그대로 턱을 내리고 고개를 떨궈 보세요.

세운 허리도 푹 꺼뜨리고요. 어깨도 움츠러들게 하세요.

어때요? 갑자기 우울해지지 않나요.

자, 마지막이에요. 손 모양을 'V' 자로 해 보세요.

그대로 입가에 가져가 입꼬리를 올려 보세요.

그리고 10초가량 있어 보세요.

어때요? 갑자기 미소가 생기고 기분이 좋아지지 않나요.

- 필자의 강의 중에서 -

  이 지령은 무심코 행한 몸짓이 심리적으로 어떤 영향을 끼치는지 알아보기 위한 간단한 테스트이다. 결론부터 얘기하면, 당신의 생각이 몸짓을 불러일으키는 것이 아니라, 당신이 취한 자세와 태도, 몸짓에서 당신의 생각이 만들어질 수 있다는 것이다. 인류행동학자 코하라(香原志勢)는 의사소통의 방식에 따라 인간을 네 가지 유형으로 나누었는데 이는 입 인간, 손 인간, 다리 인간, 눈 인간이다. 예컨대 어떤 화두가 생겼을 때 말로써 생각을 정리하는 편이라면 '입 인간', 종이에 무엇인가를 쓰면서 생각을 정리한다면 '손 인간', 산책을 하거나 걸으면서 생각을 정리하는 편이라면 '다리 인간', 독서를 하거나 사고에 의해 생각정리를 한다면 '눈 인간'으로 분류할 수 있다. 그러고 보니 저마다 생각을 정리하고 표현하는 방식이 성격에 따라 습관에 따라 모두 다르지 않은가? 그런데 우리는 왜 꼭 말로써만 스피치를 하려고 하는가.

말로써 의사표현을 잘하는 '입 인간'이라면 '다리 인간', '손 인간', '눈 인간'은 다소 발언이 적고 겉으로 드러나는 의도를 파악하기가 쉽지 않을 수 있다. 하지만 그런 경우에도 몸짓을 먼저 훈련하며 말을 틔울 수 있다. 이것이 꼭 말로써만 스피치를 교정하는 것이 아닌 제스처를 통해, 몸짓 훈련을 통해 언어 감각을 일깨우는 방법이기도 하다.

한편 청중의 몸짓을 알아차려라. 그들의 몸 방향이 당신을 향하고 있는지, 당신의 말에 이따금씩 고개를 끄덕이고 있는지…. 만약 예상과는 달리 청중에게서 긍정적인 몸짓(집중하고 공감한다는 표정이나 제스처)이 나오지 않는다면, 역으로 당신이 청중에게서 긍정적인 몸짓을 이끌어 내라. 동작을 크게 따라 하도록 하고 가끔씩 "파이팅!"을 외치도록 말이다. 연설은 연사 혼자만의 공연이 아니다. 연설은 청중과 매 순간 피드백을 주고받으며 함께해 나가는 쌍방향 소통이라는 사실을 잊지 말자. 연설을 앞두고 있는 연사라면, 말의 중요한 부분마다 제스처를 넣어 연습해 보라. 청중은 당신의 몸짓으로 연설을 기억하게 될 것이다.

"청중이 입으로 말하지 않은 것을 듣는 연사야말로 최고의 연사이다."
- 피터 드러커(Peter F. Drucker) -

2
손이 하는 말

당신도 모르는 사이, 손은 말보다 더 많은 진실을 나타내고 있다.

대화 중일 때, 의사표시를 할 때, 무의식적으로 상태를 나타낼 때, 가장 많이 드러내는 비언어적 표현이 '손'이기 때문이다. 예컨대 사람들이 깜짝 놀라거나 예상 밖의 충격을 받았을 때, 가슴을 부여잡거나 순간적으로 손을 명치 부분에 갖다 댄다. 안도감이 생기면 자연스럽게 가슴을 쓸어내리고, 골치 아픈 일이 생겼을 때 한숨을 내쉬며 이마를 짚어 보기도 한다. 이렇듯 일상에서부터 우리는 말보다 손짓을 더 많이 사용하고 있지만 막상 공식석상에서 스피치를 하려고 하면 손을 어디에 둬야 할지 당황스러운 때가 많은데, 우선 평소 우리가 어떤 손짓을 사용해 왔는지부터 점검해 볼 필요가 있다. 다음의 예문을 따라 읽으면서 자연스럽게 나오는 손 표현을 살펴보자.

파이팅을 외칠 때
→ "자, 우리 모두 파이팅이라고 외칩시다. 하나, 둘, 셋."
→ "파이팅!"

자리를 안내할 때

→ "이쪽입니다."

→ "저쪽으로 안내해 드리도록 하겠습니다."

오랜만에 만난 이와 악수할 때

→ "와~ 오랜만이에요. 반갑습니다."

정중히 거절할 때

→ "죄송합니다만, 그것은 좀 어렵겠습니다."

정중하게 인사할 때

→ "안녕하십니까. ○○○입니다." (말하고 난 뒤 정중히 인사)

번뜩이는 아이디어가 생각났을 때

→ "아하! 그런 방법이 있었지?"

잠깐만 기다리라는 표현을 할 때

→ "잠깐만 저 앞 카페에서 좀 기다려 줄래? 미안….."

와~ 감탄사를 표현할 때

→ "와~ 여기 벚꽃 진~짜 예쁘다."

박장대소하며 웃을 때

→ "푸하하하하하하하."

사진을 찍을 때

→ "자 찍습니다. 하나, 둘, 셋! 김~치~"

길 위치를 알려 줄 때

→ "여기서 쭉 가시다가요. 왼쪽으로 꺾어서 직진, 그리고 그다음 블록에서 우회전하시면 바로 목적지입니다."

생각에 잠길 때

→ '흠…. 그러니까, 나는 그 상황에서 어떻게 하면 좋을까?'

  이 예시들을 읽어 보면서 자신도 모르는 사이 제스처가 만들어지고 있는 것을 느껴 보았는가?

  만약 곧바로 손 표현이 떠오르고 자연스럽게 제스처가 취해진 사람이라면 평소 제스처 사용이 많고 표현력이 풍부한 사람일 것이다. 또 그런 사람일수록 말에 생동감이 있고, 상황에 맞는 몸짓 표현들을 곧잘 구사할 줄 안다. 반대로 제스처 표현들이 곧바로 생각나지 않고 손의 움직임이 어색한 사람이라면, 평소 일상 대화 중에도 몸짓 표현이 적고 감정을 드러내는 것 자체가 익숙지 않은 사람이다.

  이것은 연단에서, 카메라 앞에서 더욱더 극명한 모습으로 비교되는데, 연단공포의 심리적 방해 요소를 감안한다 하더라도 평소 제스처 사용이 많았고 손 표현을 자주 해 왔다면 카메라 앞에서도, 청중 앞에서도 신체 표현 및 사용이 활발하다. 반면 평소 감정 표현을 잘 하지 않고 제스처 사용을 제한해 온 사람이라면, 공식적인 자리에서는 더더욱 신체 표현이 자연스럽게 나오지 않는다. 이것은 단지 연사의 외적 성향과 내적 성향 때문만은 아니다. 제스처는 경험치에서 쌓이는데, 적절한 상황마다 손짓으로 핵심을 짚어 주고 보조적 기능으로 사용해 오지 않았기 때문이다. 말하기에 자신감을 쌓고 싶다면 처음에는 어색하더라도 손을 한번 활발하게 써 보라. 생각지도 못했던 지점에서 스피치의 고민이 해결될 것이다.

"손이 가는 곳에 마음이 간다."
- 인도 경전 《나띠야샤스뜨라》 -

손 제스처의 활용과 의미

악수: 악수를 성의 있게 하자. 에너지를 가지고 하자. 악수에서부터 상대에 대한 당신의 마음이 드러난다.

가리킬 때: 사람을 가리키거나 방향을 지시할 때, 손바닥을 펼쳐서 정성껏 가리키자. 이때 손가락을 모으면 공손함이 더해진다.

골든 제스처: 어떤 상황에서 사용해도 긍정적인 느낌을 전달하는 제스처로 양 손바닥이 하늘 방향을 가리켜 펼쳐 보이는 포즈다. 청중을 향해 양손을 펼쳐 보아라. 부드럽고 여유 있는 인상을 줄 것이다. 상황에 따라서 한 손만 사용해도 정중함은 묻어난다.

손등 제스처: 거절이나 부정의 의사를 담을 때, 스토리의 반전이나 의지, 임팩트를 줄 때 사용하는 제스처로 손등을 보이거나 손바닥으로 바닥을 누르는 듯한 포즈를 취하면 단호함, 제어, 부정, 반전, 정지의 의미를 전달할 수 있다.

손바닥 제스처: 강조나 행동을 촉구하는 대목, 감동적인 신(scene) 등 플롯 진행 가운데 긍정을 나타내는 대목 어디에서든 사용해도 좋다. 꼭 정해진 스토리가 없더라도 대화 중에 손바닥을 자주 보이라. 상대가 당신에게 마음을 열기 쉬워질 것이다. 단, 말과

손의 제스처 타이밍은 함께 갈 수 있도록 유의하라. 자칫 손 제스처와 말의 타이밍이 따로 놀면 오히려 산만해질 수 있다.

얼굴 주변의 손: 예뻐 보이고 싶다면 얼굴 주변으로 손을 가져가라. 얼굴 주변에 있는 손은 마치 표정을 구사하는 것과 같은 효과가 있다. 애교스럽고 밝아 보이는 인상을 표현하고 싶을 때, 어려 보이고 싶을 때 사용하라.
예) 꽃받침, 손가락으로 브이 그리기 등

가슴 아래쪽 손: 정중함을 더하고 싶다면 가슴 아래쪽에서 허리 라인까지를 중심으로 손을 가지런히 모으도록 하라. 손 제스처의 사용 속도를 늦추고 둥글게 사용하면 우아한 느낌과 정돈된 느낌을 주어 신뢰감을 높일 수 있다.

팔 전체로 사용하는 손: 경쾌함, 당당함, 힘찬 에너지를 주고 싶다면 팔을 전체적으로 쭉쭉 뻗어 보아라. 손바닥을 펼친 상태에서 팔을 위로 쭉 뻗으면 키가 커 보이는 효과가 있고 사람들이 많은 곳에서도 돋보일 수 있다. 팔을 전체로 쭉 뻗어 앞으로 내밀면 상대를 강하게 지칭하는 모션이 되므로 가까이 있는 상대를 지칭할 때는 팔을 둥글게 접어 곡선으로 상대를 지칭하도록 한다.

손가락을 사용하는 손: 손을 주먹 모양으로 모으고 검지손가락 하나만 펼쳐 지칭하면 중요한 부분에 포인트를 주는 동작이 된다. 말의 내용 중에서 꼭 알아야 하는 사실, 놓쳐서는 안 될 중요한 부분에 강조의 제스처로 사용하되 이 제스처가 습관이 되지 않도록 한다. 너무 잦은 동작은 강요의 의미로 전달될 수 있다는 것을 기억하자.

3
메시지만큼 중요한 제스처

제스처(Gesture)란, 몸의 언어를 통칭하는 말이고, 비언어적 커뮤니케이션의 소통기능을 담당한다. 고대 그리스 로마 시대의 철학자들은 공적 업무에 관여하는 행동가이자 동시에 연설가여야 했다. 이때 제스처는 수사학의 한 영역으로서 연설과 대화의 기술에 꼭 필요한 기능을 담당하는 역할을 했고, 르네상스 이후에는 교양인이 지녀야 할 사회적 행동 양식으로 자리 잡았다. 16~18세기에는 회화나 의학적 자료에서 발견되는 경우가 많으며, 수사학에서는 제스처가 여전히 중요한 역할로 인정받으며 공식석상에서의 말하기 훈련 방법으로 고착되었다.

그러나 이때부터 제스처에 대한 논쟁은 끊임없이 이어져 오게 되었다. 제스처를 단순히 '신호체계로 볼 것이냐', 아니면 '신에게서 받은 영감으로 볼 것이냐' 하는 문제는 당시 사람들에게 철학적인 관심을 불러일으키기에 충분했고, 이 뜨거운 논쟁은 점차 가열되어 갔다. 그러던 것이 18세기 후반에 이르러서야 '인류학적 관찰 도구로 보는 게 맞다'는 학자들의 요구가 일어나면서 19세기부터 수화 및 언어체계가 발전되었고, 20세기 이후로는 인류학과 언어학, 심리학에서 주요 연구 주제로 떠오르기도 했다. 언어의 중요한 부분으로 인정받게 된 것이다. 21세기의 제스처는 어떤 기능을 하는가. 미디어의 진화와 표현의 진보로 더 이상 메시지의 보조 역할이 아닌 주인공이 되었고 스피치 훈련에 있어 음성언어만큼이나 중요한 훈련이 바로 '비언어커뮤니케이션' 기법이 되었다.

그렇다면 연설에서 제스처는 언제 사용될까?

짐작하는 바대로 언어의 보조역할과 설명, 표현 일체에 사용된다. 누군가가 당신에게 장면(scene) 하나를 설명하고 있다고 가정해 보자.

"글쎄, 아까 저기, 저 바다 저만치에서 이만 한 상어가 출몰한 걸 봤지 뭐예요."

만약 이렇게 말하는 동안 화자가 단 한 번도 제스처를 사용하지 않았다면, 당신은 위의 내용을 제대로 이해할 수가 있을까?

물론 제스처를 보지 않고도 목소리에서 느껴지는 뉘앙스로 상황을 짐작해 볼 수는 있을 것이다. 목소리에도 제스처가 담겨 있기 때문인데, 어조 표현이 좋다면 제스처 이상의 표현력이 가능할 것이다. 그러나 목소리만으로는 정황상 짐작, 그 이상의 정보를 얻는 데에 한계가 있다. '저기 저 바다'가 어디쯤을 가리키는지, '저만치'가

대략 얼마 만큼인지, '이만 한'이 대체 어느 정도의 크기를 말하는 것인지 구체적으로 알기란 쉽지가 않다. 따라서 스피치 상황에서 제스처는 실제를 묘사하고 생생함을 나타내는 데 매우 중요한 역할을 한다. 청중의 이해를 넘어 상황을 긴박감 넘치게 묘사할 수 있으려면 눈에 보이듯 생생한 스피치를 펼칠 수 있어야 한다. 마치 그림의 원근법처럼, 음악의 악센트와 같은 것이 연설에서의 제스처라 할 수 있다. 다음의 예제를 보고 본격적으로 제스처 연습을 해 보도록 하자.

제스처 훈련 편

1} 생생한 표현

다음은 실감나게 말해야 하는 표현들을 모아 연습예제로 만든 것이다. 괄호 안의 지문에 유의하여 핵심을 살리는 제스처로 생생하게 표현해 보라.

① 엄청나게 **큰** 괴물과 **조그마한** 난장이가 나란히 서 있었습니다.

(크고 작은 표현)

② 아, 글쎄 영하 20도가 넘는 추위에서 말이죠. 팬티 바람으로 눈밭에 서서 **덜덜덜** 떨고 있었지 뭐예요.

(덜덜덜 추워서 떠는 모습)

③ 맹구가 앞으로 뛰어가며 맹순이를 보고 외칩니다.
   "나 잡아 봐라~"

(바보 목소리와 달리는 시늉)

④ 방 안이 **온통** 불바다로 변했고 저는 있는 힘을 다해 **"사람 살려"** 하고 소리쳤습니다.

(실감 나게)

⑤ 어젯밤 개그콘서트 ○○○ 코너에서 개그맨이 **"장난~ 나랑~ 지금 하냐?"**라고 했을 때 저는 **빵** 터졌습니다.

(성대모사)

⑥ 까마득히 저 멀리서 흑 기사가 말을 타고 **다그닥 다그닥 다그닥 다그닥** 달려오고 있는 것이 아니겠습니까?

(입체적으로, 원근감이 느껴지게 표현)

⑦ 너무 불쌍해. 어떻게 그럴 수가…. **너무 슬퍼서** 눈물이 날 것 같아요.

(아주 슬픈 표정으로)

⑧ 글쎄, 제가 아까 **저기, 저** 바다에서 **이만한** 상어가 출몰하는 것을 봤어요.

(위치를 정확하게, 크기의 표현)

⑨ 아기가 **새근새근** 자고 있는 모습이 **너무** 예뻐서, 한참을 빙그레 미소 짓고 있었지 뭐예요.

(행복한 표정으로)

2) 감정 표현

다음 문장들을 보고 감정표현을 짧은 문장으로 연습해 보라. 내용과 감정 표현이 일치되도록 표현해 보라.

(1) 다양한 감정 표현

기쁨: 아싸, 오늘 기분 제일이다. 야호!
탄식: 어떡해…. 이번에도 떨어지다니….
명령: 나가 있어 이놈아!
멸시: 치! 돼지 목에 진주 목걸이 한 것 같네.
칭찬: 잘한다. 우와 정말 잘한다.
신음: 으으으으…. 아이고 나 죽겠다.
놀람: 아니, 어떻게 이럴 수가!
부정: 그럴 리가 없어! 그렇담 내 손에 장을 지진다.
가소로움: 흥, 호박에 줄 긋는다고 수박 되냐?
가엾음: 쯧쯧…. 며칠째 한 끼도 못 먹었대.
사랑: 자기야, 난 자기가 너무 좋아~ 사랑해~
슬픔: 어떻게, 어찌 이런 일이. 가슴이 아파요.
인정: 그 말이 맞습니다. 바로 그거예요.
협박: 너, 내가 연설할 때 박수 안 치면 죽는다!
비방: 역시, 걸레는 빨아도 걸레야!
미움: 너! 내 눈앞에서 사라져. 꼴도 보기 싫으니까!
노여움: 떨린다고 발표를 피해? 머저리 같은 놈.

두려움: 무서워요…. 저 혼자 두고 가지 마세요….
욕심: 아무도 손대지 마, 내 거야!
불평: 제기랄, 죽어라 일해 봤자….
반김: 와~ 이게 누구야? 와~ 이게 얼마 만이야?
아양: 아이잉, 자기 정말 화났어?

4
스피치의 분위기를 결정짓는 표정

청중은 연사의 무엇을 보고 연설 준비가 다 되었는지를 알 수 있을까? 바로 '표정'이다. 내용의 전달을 위해서는 우선 목소리가 좋아야 한다. 깔끔하고 분명한 목소리일수록 좋다. 그러나 그렇게 다듬어진 목소리가 표정과 일치하지 않는다면 어떨까? 아마 청중은 당신의 연설에 빠져들지 못할 것이다.

소쉬르의 '대화 회로이론'에 따르면, 화자와 청자가 서로 의사소통을 하는 과정에서 일종의 정신적 영상작용이 일어난다고 한다. 화자가 말을 하는 일은 자신의 관념을 코드화시켜 음성으로 실현하는 일이고, 청자가 화자의 말을 듣는 일은 음성으로 전해진 '말'이 감각과정에 새겨지는 일이다. 이렇게 전달된 청자의 청각영상은 이후, 두뇌에서 분석되어 본래부터 가지고 있었던 청자의 자기관념을 결합시켜 해석에 이르게 되는데, 이 과정이 바로 대화이다.

마찬가지로 연사와 청중 간에도 이와 같은 대화 회로 과정이 생겨 연사가 아무리 청자를 이해시키기 위해 노력한다 하더라도 전달하고자 하는 메시지를 100% 전달하기란 어렵다는 얘기다.

각자에게 형성된 자기개념화란, 지식과 경험, 환경까지 모두 다르고, 이것이 왜 그토록 상대를 이해하기 힘들고, 설득시키기 어려운 것인가를 설명할 수 있다. 따라서 연사는 언어만으로 대상을 설명하는 것의 한계를 인정하고 부족한 부분을 보완할 수 있는 방법을 모색해야 한다.

한 가지 주목할 점은 '표정'은 언어가 아니라 감정의 실제와 같아서 복잡한 대화 회로과정을 거치지 않아도 된다는 점이다. 다시 말해, '표정'은 언어를 뒷받침하지 않고도 상대에게 뜻을 전달할 수 있는 힘을 가지고 있다. 따라서 표정을 중요하게 여기고 연설에 이용할 줄 알아야 한다.

상대에게 언어보다 더 긍정적인 기능을 하며 마음을 전달할 수 있을 것이다. 웃는 표정, 슬픈 표정, 재밌는 표정, 화가 난 표정, 이해한다는 표정, 어렵다는 표정, 놀란 표정, 감동받은 표정…. 거울 앞에 서서 당신의 표정을 한번 살펴보아라. 표정만큼 강력한 메시지가 없다는 것을 알게 될 것이다.

거울을 보고 다음의 문장을 가지고 표정을 연습해 보자.

"넌~ 뭘 믿고 그렇게 예쁘니?"

넌~ (말끝을 올릴 것)
뭘 믿고 그렇게 ('솔' 톤 유지)
예쁘니~~~~~~~~~? (10초간 유지할 것)

매일 연습하라. 거울을 볼 때마다 습관처럼 하라.
얼마 지나지 않아 표정이 좋아졌다는 소리를 듣게 될 것이다.

"좋은 일 있으세요? 얼굴이 보기 좋습니다."

5
열린자세와 닫힌자세

　연설을 하다 보면 많은 청중이 앉아 있는 가운데서도 유독 연사의 눈에 들어오는 사람들이 있을 것이다. 바로, 시종일관 '난 당신의 말을 듣지 않을 테야'라고 말하는 듯한 자세를 취하고 있는 사람들이다. 정확하게 말하면 그 사람이 눈에 들어오는 것은 그가 취하고 있는 자세 때문인데, 이것은 마치 연사와 청중이 서로 줄다리기를 하고 있는 것같이 보이는 '심리적 밀당' 같은 것이다. 이것을 몸짓언어에서는 심리적 긴장상태와 이완상태가 반영된 일명, '열린자세'와 '닫힌자세'로 설명할 수 있다.

　사람들은 누구나 마음이 반영된 자세를 취하고 있는데 연사는 이를 알아보고 즉각 대처할 수 있는 센스가 필요하다. 물론 청중의 의중을 100% 알아차리기란 어려운 일이고, 모두를 연사에게 집중시키기란 더더욱 어려운 일일 것이다. 하지만 '열린자세'와 '닫힌자세'를 잘 인지해 둔다면, 고개를 돌리고 관심 없는 듯한 표정을 하고 있는 청중 몇 사람의 마음은 돌릴 수 있을지도 모른다.

어떻게 그게 가능할까? 연단에 서 있는 당신에게서 에너지가 흘러나오기 때문이다. 그것을 어떻게 알 수 있을까? 바로 '열린자세'로 알 수 있다. 열린자세란, 얼굴, 어깨, 가슴, 팔이 청중의 방향으로 쳐진 모습을 말한다. 즉, 똑바로 선 상태에서 가슴을 열고 양팔을 둥글게 펼쳐 (발레 하듯이) 손바닥은 지속적으로 청중 쪽을 향해 있게 되면 열린자세가 된다.

연단에 설 때 연사들이 인지하지 못하는 게 있다면 청중석에서 보는 연사의 몸 방향이다. 연단은 어떤 의미에서 특정한 '무대(stage)'의 인식을 줄 수 있다. 이야기의 힘을 더하는 자리가 될 수도 있고, 특별한 공간으로서 기능하기도 한다. 이 연단에서 청중을 향해 똑바로 서 있다고 가정해 보자. 연사가 생각하기로는 청중이 당신의 '열린자세'를 보고 있을 것이라고 판단하고 있을지 모르지만, 정작 연사는 청중이 '앉아 있는 위치와 각도'에 따라 다르게 보인다는 사실을 자주 간과한다. 예를 들어, 연사는 정면으로 똑바로 서 있지만 청중은 연사의 정면을 보고 있는 게 아니다. 측면 혹은 후면에 가깝도록 보고 있을 수 있다는 것이다.

그뿐만 아니라 아예 측면이나 후면의 옆모습, 뒷모습을 보게 되는 경우라면 청중은 연사의 손바닥이 아니라 손등을 보게 되는 것이고, 앞모습으로 열려 있는 자세를 보기보다는 청중에게 등을 보이는 '닫힌자세'를 보여 주고 있을지 모른다. 필자는 학습자들을 코칭할 때, 교실의 2면 전체가 거울인 '제스처 룸'에서 제스처 코칭을 한다. 코칭을 해 보면서, 의외로 많은 학습자들이 자세가 굳어 있고 몸 방향을 열지 못한다는 사실을 알게 되었다. 더욱이 말을 시작하게 되면 더더욱 청중 방향으로 몸을 열어 적극적인 몸짓들을 구사하지 못하는 것을 보며 대체로 연사들이 얼마나 표현에 익숙하지 않은지를 알 수 있게 되었다. 그렇다면 거울 앞에 서서 자세를 바르게 하고, 품을 열어(가슴을 펴고 양손을 둥글게 뻗어 손을 펼치는 자세) '열린자세'의 표현들을 연습해 보아야 한다.

연단에 설 때는 머리, 어깨, 가슴, 골반, 무릎, 발목이 일치하게 서고 가슴을 활짝 열어 팔 포지션을 열어 보도록 하자. 정면에서 '똑바로 서는 연습', '열린 포즈를 취해 보는 연습'을 했으면 이제 측면에 있는 청중을 바라볼 때를 생각하면서 고개와 몸통, 시선을 일치시켜 몸의 방향을 청중 쪽으로 움직인 뒤, 마찬가지로 가슴과 겨드랑이, 팔, 손을 펼쳐 '열린자세'가 되게 연습해 본다. 정리하면, 몸의 방향을 가급적 청중이 앉아 있는 객석을 향해 골고루 보이라는 것이다. 청중을 향해 몸짓을 열어 보일 때, 청중 또한 당신의 연설에 흥미를 갖게 될 것이다.

리더의 스피치

Part 5
매력으로 경쟁력을 높여라

1
리더의 경쟁력은 이미지

'외모가 경쟁력이다'라는 문구는 몇 년 전 히트했던 화장품 광고 문구다. 당시엔 신선한 광고카피였지만 지금은 외모가 경쟁력이라는 이 문구가 현실이 된 지 오래다. '외모 경쟁력'에 대해 당신은 어떻게 생각하고 있는가?

분야를 막론하고 외모에 관한 화두는 끊임없이 이어지고 있다. 한 구직사이트에서는 대학생 1,113명을 대상으로 외모에 관해 설문조사를 실시했다. 그 결과 대학생의 62.5%가 외모 때문에 손해를 본 적이 있다고 답했고, 취업을 앞둔 이들에게 '외모 스펙'은 이제는 정말 필수요건이 된 것 같다고 응답했다. 실제로 필자가 멘토링하고 있는 아카데미에서도 면접을 앞둔 수강생들이 어떻게 하면 외모 때문에 불이익을 당하지 않을지에 대해 질문해 오는 경우가 많다. 이런 것을 보면 '외모'가 개인의 역량에 미치는 영향, 사회에 미치는 영향이 얼마만큼인지를 가늠해 볼 수 있게 된다.

하지만 '외모스펙' 때문에 고민인 수강생들에게 필자가 조언하고 싶은 것은 '이미지 메이킹'과 '무작정 예뻐지기'는 엄연히 다르다는 것이다. 간혹 수강생 중에는 예뻐지는 것을 목표로 하는 경우가 있는데, '이미지'에 대한 올바른 이해가 아니다. '좋은 이미지를 갖춰라'는 것은 외형적인 아름다움만을 말하는 것이 아니라는 말이다. 물론 예쁘고 잘생긴 외모를 갖추고 있다면 외적 이미지 요소로 볼 때 경쟁력이 있을 수도 있다. 그러나 예쁜 얼굴, 잘생긴 얼굴을 이기는 것은 '호감 가는 얼굴'이다. 아무리 예뻐도 인상이 부드럽지 못하거나 웃는 얼굴이 아니라면 호감 가는 이미지가 될 수 없다.

마찬가지로 아무리 훌륭한 몸매를 갖추고 있다 하더라도 내내 뻣뻣한 태도를 취하고 있다면, 오히려 비호감을 주는 이미지가 될 것이다. 스피치 멘토링을 해 오며 수많은 연설자들을 봐 왔지만 '예뻐서' 청중들을 감동시키는 일은 거의 일어나지 않았다. 그러니 외모가 자신 없다고 연단에 설 일을 기피하지는 말자.

대신, '호감을 줄 수 있는 이미지'가 되도록 노력해 보자. 그렇다면 어떤 이미지가 호감 가는 이미지인가. 연설에 적합한 분위기를 느낄 수 있게 하는 이미지이다. 청중은 연설을 듣기만 하는 것이 아니라, 연설을 보기도 한다. 그러므로 연사의 모습(복장, 메이크업, 헤어, 표정, 제스처)은 곧 연설의 내용을 담는다고 해도 과언이 아니다. 중요한 연설을 앞두고 있다면 '보여 주는 연설'이라는 사실을 잊지 말고, 연설의 내용에 어울리는 분위기를 연출해 보라. (뒷부분에 나올 사계절 컬러를 참고하여 자신에게 어울리고 연설 분위기에도 적합한 컬러의 복장을 골라 보자.)

연설 내용에 맞게 외적 이미지가 갖추어졌다면, 연사의 이미지를 업그레이드시켜 줄 체스(Chin, Head, Eye, Smile) 법칙을 알아보도록 하자.

2
호감 가는 이미지를 위한 체스(CHES) 법칙

　신언서판(身言書判)이라는 말이 있다. 당나라 때의 인물평가기준으로 몸[體貌]·말씨[言辭]·글씨[筆跡]·판단[文理] 네 가지를 이르는 말이다.

　사람을 처음 볼 때, 아무리 신분이 높고 재주가 뛰어난 사람이라 하더라도 첫눈에 풍채와 용모가 뛰어나지 못하다거나, 언변이 좋지 못한 경우, 글씨(필체)가 나쁜 경우, 판단력이 좋지 않은 경우에는 인재로 뽑지 않는다는 뜻이었다. 이것은 스피치에서 연사에게도 그대로 적용될 수 있는 덕목이다.

　연단에 선 연사는 첫째, 청중에게 좋은 이미지를 줄 수 있어야 한다. 둘째, 청중의 마음을 움직일 수 있는 언변과 말솜씨를 지니고 있어야 한다. 셋째, 말할 내용을 잘 정돈해서 원고로 취합할 수 있는 실력이 필요하다. 마지막으로는 실전 스피치 상황에서의 감각, 판단력을 갖추고 있어야 한다. 체스(CHES) 법칙을 통해 연사로서의 이미지와 반듯함을 갖춰 보도록 하자. 당신도 이제 훌륭한 연사로 거듭날 수 있다.

1} C(Chin) 카리스마를 결정하는 '턱'

좋은 음성을 만들기 위한 훈련으로 '발음 훈련'을 꼽을 수 있다. PART 4에서 구체적으로 다루었지만, 발음을 좋게 하는 솔루션으로는 조음기관인 '입술, 혀, 턱'을 활발히 움직이는 방법이 있다. 그런데 이렇게 하면 발음 개선뿐만 아니라 표정이 살아나는 제2의 효과를 볼 수 있다. 일명 '표정근육'이라 불리는 조음 기관의 주변 근육들(대협골근, 소협골근, 소근)이 부드러워지면서 얻는 효과인데 입주변 근육인 '구륜근'이 턱 주변부 근육을 움직이게 해서 턱 근육이 활발하게 움직이는 효과를 주게 된다. 자신감은 바로 이 '턱'에서 나온다. 이미지로 볼 때, 턱은 약간만 들어도 차갑게 보일 수 있고 권위적인 느낌을 줄 수 있다. 반대로 너무 내리면 눈치를 보거나 소심해 보인다. 바로 이 점을 스피치에서는 적절하게 활용해 볼 수 있다. 실전 스피치를 앞두고 긴장감에 자신감이 떨어진 상태라면 턱을 들어보자. 턱을 들고 자세가 당당해지면 자신감도 충족될 것이다. 또한 스피치 도중 강하게 어필해야 할 내용이 있다면 적절하게 턱을 들어 표현해 보자. 순간의 표현이 청중을 집중시킬 것이다. 단, 너무 자주 턱을 들면 되레 좋지 않은 습관이 될 수 있으니 연설의 내용에 따라 적절하게 표현하는 것이 좋겠다.

2 H(Head) 반듯함과 유쾌함을 결정짓는 '머리'

스피치 이미지에서 반듯함을 얘기할 때 머리에 관한 얘기를 뺄 수 없다. 예부터 우리나라 사람들은 반듯한 자세를 예법으로 익혀 왔는데 바른 자세를 미덕으로 여겨 거기에서 비롯된 바른 정신을 추구했기 때문이다. 그래서인지 일상에서도 머리를 한쪽으로 기울인다든지, 좌우로 자주 고개를 흔들면 다소 무성의한 인상으로 평가되거나 산만한 모습으로 오해받는 경우가 있다.

하지만 그렇다고 해서 연단에 선 연사가 너무 반듯한 모습으로 고갯짓 한 번 하지 않는다면 오히려 '딱딱한' 인상을 줄 수도 있고, '융통성이 부족한' 사람으로 보일 수도 있다. 반듯함이 가진 역설적인 해석이지만, 청중은 연사의 반듯함뿐만이 아니라 유쾌함을 동시에 기대하는 측면이 있다. 가끔 필자는 연단에 서 있는 연사가 마치 머리 위에 물통이라도 올려놓은 듯 고개를 똑바로 세우고 있기만 하는 장면을 볼 때가 있는데, 만약 이 연사가 변화를 희망한다면 고개를 움직여 보라고 조언하고 싶다. 의외의 코칭이라 생각할지 모르지만, 고갯짓에 변화를 주는 것만으로도 연설은 활기를 띠게 될 것이다. 연사가 고갯짓을 하면서 머리 움직임에 변화를 주기 시작하면 청중들 역시 수긍되는 메시지가 전달될 때, 고개를 끄덕일 것이다. 또한 방향을 나타낼 때에는 손만 뻗지 말고, 고개의 방향과 몸 방향을 일치시키면 청중을 연사에게 집중시키는 효과를 톡톡히 볼 수 있다. 청자의 집중을 강화하고 연설의 메시지를 강력하게 전달할 수 있는 이러한 태도는 연설에 대한 적절한 에티켓을 가진 연사로 평가받을 수 있게 하는 요인이 된다. 이렇게 머리의 움직임을 적절하게 잘 사용하면 반듯함과 유쾌함을 갖춘 연사의 이미지를 각인시킬 수 있다.

필자는 몇 년 전 인도를 방문한 적이 있다. 그때 보았던 인도 사람들의 머리 제스처는 필자에게 큰 인상을 남겼는데, 어떤 일에서든 "No Problem(문제없어)"이라고 말하면서 머리를 좌우로 흔드는 모습들이 특히 인상적이었다. 되든 안 되든, 정말 어떤 상황에서든 넉살 좋게 고개를 저어 보이는 인도인들의 표현방식을 보면서 우리도 조금은 자유로운 방식으로 제스처를 취해 볼 수 있었으면 좋겠다고 생각했다.

어쩌면 우리의 스피치가 너무 경직되어 있는 것은 아닐까. 거울을 보고 인도인들처럼 한번 고개를 흔들어 보라. 반듯함과 유쾌함 사이! 은근히 효과 있다.

"노 프라브럼!"

③ E(Eye) 여전히 마음의 창은 '눈'

여전히 마음의 창은 '눈'이다. 가끔 우리는 말보다 더 중요한 그 무엇을 표현하고자 할 때, 말이 아닌 '눈빛'을 선택한다. 눈빛은 진심을 속일 수 없기에 마음의 창이라 하지 않던가.

NLP 기법에 따르면, 이성과 감성의 중추는 모두 시신경에 연결되어 있어 눈동자의 움직임에 나타난다는 것이다. 우리는 이 사실을 이론적으로 배우지 않고도 살면서 경험을 통해 깨우쳐 왔다. 타인과 커뮤니케이션을 할 때 눈을 보면서 사람의 마음을 읽고, 눈빛으로 마음을 교환해 온 것이다. 그렇다면 스피치에서도 마찬가지일 것이다.

혹 청중 앞에 서는 일이 아직 두렵다면, 좋은 사람과 마주 보고 얘기하듯 청중을 제대로 바라볼 수 있는 연습을 해 보도록 하자. 처음에는 어렵겠지만 거울을 보면서 좋은 눈빛을 갖추려 노력해 보아야 한다. 진정성 있는 눈빛으로 바라본다면 청중 또한 연사의 진심을 알아차릴 것이다. 좋은 눈빛을 위한 조언, 사람을 볼 때는 눈동자만 돌려서 보지 말고 머리의 움직임과 함께 몸 방향을 돌려 정면으로 응시해야 한다. 한마디로 말해, 째려보는 형태가 되어서는 안 된다.

고개, 시선, 몸통이 일직선을 꼭 유지해야 한다. 또한 과로로 눈이 충혈되어 있거나 피곤해 보이는 눈이 되지 않도록 평소에 관리하는 것도 중요하다. 마지막으로 연단에 서서 청중을 바라볼 때, 천천히 앞줄에서부터 'Z' 자, 혹은 'X' 자를 그리듯이 시선을 두게 되면, 아무리 많은 청중이 앉아 있다 하더라도 골고루 모든 청중을 바라볼 수 있게 된다는 것을 잊지 말고 연습해 보자.

4} S(Smile) 비판할 수 없게 만드는 힘, '미소'

'좋아하면 비판할 마음이 없어진다'는 말에 공감하는가.

만약 공감하지 못하겠다면 누군가를 한번 좋아해 보라. 그를 비판하고 싶은 마음은 곧 사라지게 될 것이다. 그만큼 상대방을 좋아하는 마음은 이성을 마비시키고 당신을 맹목적으로 만드는 힘이 있다. 그렇다면 결론은, 어떤 매력을 가지고 있든 사람들이 좋아할 만한 사람이 되어 있으면 된다는 것이다. 그런데 그게 쉬운 일이 아니라고, 사람들에게 호감 가는 사람이 되기란 어려운 일이라고들 한다. 외모가 특별히 아름답거나 특별한 재능이나 특별한 매력이 있어야 가능한 일이 아니냐고 반문하는 수강생에게 필자는 웃음으로 답을 해 주었다. "혹시 이 노래 아세요? 왜 그런지 나도 몰라~ 웃는 여잔 다 예뻐~ (광고 CM 송)"

바로 '미소'를 가지고 있는 사람이 되면 된다. 너무 뻔한 답이라고 생각할지 모르지만 실천해 보면 훨씬 더 많은 사례에서 '미소효과'를 경험하게 될 것이다. 사람들로부터 호감을 받기란 쉽지 않은 일이지만, 대체로 사람들은 잘 웃고 미소 짓는 사람을 좋아한다. 잘 웃는 사람과 함께 있으면 일명 '거울효과'가 일어나서 덩달아 같이 웃게 되는 일이 벌어진다. 또한 자연스럽게 미소 짓는 모습을 보고 있으면 보는 사람마저 기분이 좋아진다. 당신은 누구보다도 이 사실을 잘 알고 있을 것이다. 미소에 반해 본 적이 없는 사람은 없을 테니까. 이제 먼저 그런 사람이 되어 보는 것은 어떨까? 좋아하면 비판할 마음이 없어진다. 미소 짓고 있는 사람을 좋아하지 않을 리 없다.

당신만의 필살기, 미소 훈련을 위한 코너

1〉 위스키 기법

1. 우~~~~~~~~~~ 위스키~~~~
2. 우~~~~~~~~~~ 위스키히~~~~
3. 우~~~~~~~~~~ 위스키히~~~~ 안녕하세요~~~~
4. 위스키!(짝) 위스키!(짝) 위스키!(짝) 위스키!(짝) 위스키히!(짝) (박수 치며)

2〉 잘난 척 기법

(거울을 보고) "넌~~~~ 뭘 믿고 그렇게 예쁘니~~~~" (10초 유지)
"넌~~~~ 뭘 믿고 그렇게 잘생겼니~~~~~~~~~~" (10초 유지)

3〉 미소 연습

휴대전화를 꺼낸 뒤, 눈과 입이 활짝 웃는 모습을 카메라로 매일 찍어 본다. 미소도 습관이다.

3
어울리는 컬러를 입고 연단에 서라

　당연한 얘기지만, 연단을 빛내는 존재는 연사이다. 청중을 위한 연설, 연설을 위한 연설에도 여전히 연사는 빛나야 한다. 공식석상이라서가 아니다. 연사가 주인공이기 때문인 것도 아니다. 살아 있는 연설, 힘이 있는 연설은 마치 예술과 같이 아름답고 어떤 현장보다 더 열정이 넘친다. 그 자리에 서 있는 연사는 그 자체로 연설의 주체다. 따라서 연사는 아무렇게나 연단에 오를 수 없다.

　연설에 맞는 분위기의 복장을 선정하고, 청중들에게 호감을 줄 수 있는 모습으로 연단에 올라야 한다. 그런데 여기서 안타까운 것은, 참 많은 연사들이 자신의 이미지를 돋보이기는커녕 연사 자신과 준비한 연설이 묻히는 컬러의 복장을 선택하는 경우가 많다는 것이다. 중요한 면접, 연설, 강의, 프레젠테이션을 앞두고 있다면 의상을 선정하는 데에 신경을 쓰도록 하자. 비싸고 좋은 옷을 입으라는 얘기가 아니다.

　자신에게 어울리는 컬러의 옷을 입으라는 얘기다. 말 그대로 색(色)을 입어야 한다. 연설이 생동감 있게 살아나는 듯이 컬러를 입

자. '어떤 옷을 입느냐'보다 더 중요한 것은 '어떤 컬러를 입느냐'이다. 자신에게 어울리는 컬러를 입고 연단에 서면 그 효과는 배가된다. 이미지 분야에서 '컬러센스'라는 말을 쓰는데, 가끔 주변을 둘러보면 도무지 자신에게 어울리지 않는 컬러의 넥타이나 블라우스, 립스틱을 선택한 이들을 종종 볼 수 있을 것이다. 이때에 '컬러센스가 떨어진다'라는 인식을 줄 수가 있다.

연사는 청중을 대표해 정보를 주거나 유익이 되는 이야기를 들려주는 사람이다. 청중은 연사의 '센스'에서 그 연사를 신뢰할지의 여부를 결정한다. 그런데 복장에서부터 '컬러센스'가 떨어지게 되면 과연 연사의 정보력을, 연사의 야심찬 이야기들을 신뢰할 수 있을까?

지금 당장 당신의 '컬러센스'를 회복해 보도록 하자.

나의 피부컬러를 진단하라

사람들은 저마다 다른 피부색을 지니고 있다. 피부색이라 하면, 선천적인 피부 DNA를 말하는데 카로틴, 헤모글로빈, 멜라닌 색소의 함량에 따라 좌우된다. 카로틴은 노란색, 헤모글로빈은 빨간색, 멜라닌은 검정색을 많이 띄게 된다. 이를 기준으로 황인종은 카로틴 색소를 많이 띄고 있고, 백인종은 헤모글로빈 색소, 흑인종은 멜라닌 색소를 주로 많이 띠고 있다고 볼 수 있다. 하지만 피부색이란 미세한 정도로 각각 다르게 나타나므로 반드시 인종만으로 구별할 수는 없다. 우리나라 사람들은 황인종에 속하지만 개별적으로는 각각의 차이가 있기 때문에 피부 DNA는 저마다 다르다.

피부색이 다르다면 그에 따라 어울리는 색깔도 다르기 마련이다.

아마도 당신은 이런 경험이 있을 것이다. 쇼핑을 하던 중에 예쁜 옷을 발견했다. 색깔이 화사해서 한눈에 들어왔다. 마침 같이 쇼핑을 간 친구와 나란히 같은 옷을 입어 보기로 한다. 그런데 이게 웬일인가. 똑같은 옷을 친구가 입었을 때는 화사하고 예쁘기만 했는데 당신이 입는 순간, 전혀 다른 느낌의 옷으로 보이는 게 아닌가! 화사함은 어디로 갔는지 도무지 어울리지가 않는다. 이것은 무엇 때문일까? 바로, 앞서 말한 피부 DNA 때문이다. 친구와 당신은 선천적으로 다른 피부 계열을 가지고 있는 것이다. 그래서 보기에는 예쁘고 화사한 옷인데도 당신의 피부 컬러와 맞지 않아 어울리지 않았던 것이다.

이렇게 중요한 피부 DNA는 1차적으로는 자신의 얼굴색, 눈동자색, 머리카락 색으로 구별할 수 있다. 대부분은 고유의 피부색으로 구분할 수 있는데, 이렇게 1차 구분을 하고 나면 자신에게 어울리는 컬러타입 중에서도 '베스트컬러'를 찾아내야 한다. 이것이 바로 컬러진단의 목표다. 베스트컬러는 1차 컬러타입을 바탕으로 또다시 직업, 연령, 성격, 활동범위들을 고려해 최종적으로 선정될 수 있다.

이러한 '컬러'에 관한 이론으로는 20세기 초, 스위스의 화가 요하네스 이텐의 '사계절 팔레트 이론'을 바탕으로 한다. 이는 사계절 컬러와 접목시켜 자신의 베스트컬러를 찾아내는 원리인데, 한마디로 말하면 봄, 여름, 가을, 겨울 네 가지 계절에 비추어 자신에게 가장 어울리는 컬러를 추려가는 방식으로 진행하는 기법이다.

당신은 과연 사계절 가운데 어떤 컬러 느낌의 사람일까.

봄 사람, 여름 사람, 가을 사람, 겨울 사람 등 구체적으로 살펴보도록 하자.

사계절, 나의 베스트컬러 찾기

유형	봄 사람
특징	내용
1. 생김새	온화함, 발랄함, 귀여움, 따뜻한 인상이며 동안인 경우가 많다. 첫인상에서 호감을 주는 이미지다.
2. 피부색	맑고 밝은 노란 빛깔을 띤다. 눈동자나 머리 색깔은 갈색을 띠는 편이다. 눈빛이 맑고 생기가 있다. 피부 톤은 핏줄이 비추는 경우가 있을 만큼 투명한 편이고 윤기가 난다. 머리카락도 윤기가 있는 편이다. 몽고인의 분포가 많다.
3. 어울리는 색	따뜻한 색 피부색이 밝고 노르스름한 경우: 새싹색, 벚꽃색, 옥색, 산호색 화사하고 부드러운 컬러(Warm Image) 피부색이 어둡고 노르스름한 경우: 개나리, 오렌지, 다홍색, 초록색 등의 선명한 컬러(Vivid Image)
4. 신중해야 할 색	차가운 느낌의 모든 색, 푸른색 계열, 갈색, 흰색, 검정색
5. 패션	부드럽고 화사한 소재가 좋다. 대체로 공주 스타일이 어울리는 이미지다. 회색과 감청색 등의 비즈니스 수트를 입어야 할 경우에는 이너웨어를 봄 컬러의 탑, 블라우스로 선택하고 선명한 컬러의 스카프로 포인트를 주도록 한다. 황금, 로맨틱 핑크 계열의 액세서리가 어울린다.

유형	여름 사람
특징	내용
1. 생김새	시원함, 우아함, 단아함, 지적임, 기품 있는 인상인 경우가 많다. 이목구비가 반듯하고 백인의 이미지가 있다.
2. 피부색	상앗빛을 띠고 보얗거나 붉은 기가 돈다. 피부 톤은 흰색 파우더를 바른 듯 깨끗하다. 눈빛이 부드러우면서도 깔끔하다. 얼굴이 잘 빨개지지만 금방 원래의 피부색으로 돌아온다. 햇볕에 잘 그을리지 않는다. 머리카락은 가늘고 윤기가 없는 편이다. 백인의 분포가 많다.
3. 어울리는 색	시원한 색 피부색이 희고 붉은 톤일 경우: 파랑에 흰색이 섞인 파스텔블루, 파스텔핑크, 은색, 비둘기 색 피부색이 어둡고 붉은 톤일 경우: 수묵화 느낌의 깊은 파스텔 톤과 회색이 섞인 회청색, 암자주색, 로맨틱 이미지의 색
4. 신중해야 할 색	따뜻한 느낌의 모든 색 강렬한 원색은 피부가 많이 흰 사람에게는 너무 튀는 인상을 줄 수 있다. 흰색, 검정색도 너무 강한 느낌을 준다.
5. 패션	우아한 이미지를 가지고 있어서 캐주얼은 잘 어울리지 않는다. 실크, 순모 등의 고급스러운 소재가 고유의 품격을 높여 준다. 화이트 골드, 진주, 옥 등의 흰색이 섞인 액세서리가 어울린다.

유형	가을 사람
특징	내용
1. 생김새	포근함, 차분함, 부드러움, 자연스러움 분위기 있고 차분한 인상을 준다.
2. 피부색	약간 어두운 듯한 노란 빛을 띤다. 갈색 파우더를 바른 듯한 얼굴빛이다. 윤기는 없는 편이고 눈매는 포근하고 부드럽다. 머리카락이 푸석푸석한 편이다. 햇빛에 잘 그을린다. 중동인의 분포가 많다.
3. 어울리는 색	따뜻한 색 피부톤이 밝은 편일 경우: 따뜻한 느낌의 베이지색, 아몬드색 피부톤이 어두운 편일 경우: 커피색, 올리브그린색, 깊은 녹색
4. 신중해야 할 색	차가운 계열, 뚜렷한 계열의 모든 색은 피해야 한다. 같은 계열이라도 밝고 가벼운 느낌의 색은 주의한다. 튀는 계열과 은색, 순백색, 검정색, 레몬색, 오렌지색, 형광색을 주의한다.
5. 패션	내추럴 스타일과 컨트리 스타일이 어울린다. 니트류처럼 친근한 이미지는 가장 잘 어울리는 아이템이다. 광택이 없는 자연 소재가 어울린다. 자연스러우면서도 편안한 느낌의 의상이 어울린다. 상아, 가죽, 나무 등의 자연 소재의 액세서리가 어울린다.

유형 특징	겨울 사람
	내용
1. 생김새	차가움, 도시적임, 강함 딱딱하면서도 딱 떨어지는 인상을 준다.
2. 피부색	투명하고 푸른 기를 띤다. 어두운 피부가 많다. 누런 피부색으로 혈색이 나빠 보이지만 피부결은 윤기가 돌고 매끈하다. 햇빛에 잘 그을리고 기미와 잡티가 생기기 쉽다. 눈동자와 머리카락은 암갈색이다. 눈빛이 강하다. 흑인의 분포가 많다.
3. 어울리는 색	선명한 핑크색, 파란색, 흰색, 검은색, 감색(네이비), 체리 핑크 맑고 차가운 계열의 색(Cool Image)이 잘 어울린다.
4. 신중해야 할 색	따뜻하고 탁한 느낌이 나는 모든 색은 피해야 할 색이다. 베이지색, 오렌지, 다홍, 개나리색 등은 주의해야 할 색이다.
5. 패션	흰색과 검정색이 어우러진 수트가 잘 어울린다. 타이트한 스커트나 맞춤형 의상이 어울린다. 시폰 소재보다는 시크한 소재의 느낌이 어울린다. 차가운 느낌의 화이트골드, 다이아몬드 등의 액세서리, 주석과 같은 금속성 액세서리가 잘 어울린다.

4
매력적인 연사가 되어라

　심리학자 대니얼 카너먼(Daniel Kahneman)은 성공을 좌우하는 가장 중요한 요건으로 '매력'을 꼽았다. 지능이나 학벌, 운보다 더 중요한 요건으로 말이다.

　세계 최고의 권위를 자랑하는 경제학 심리학자가 이토록 매력을 강조한 것은 의미심장한 일이 아닐 수 없다. '매력이 경제와 상호 관련성이 있으며 경제에 미치는 영향이 크다'라는 그의 말처럼, '매력'은 이제 다른 무엇보다 더 중요한 키워드가 되었다. 원래 매력(魅力)은 '사람의 마음을 사로잡아 끄는 힘'이란 뜻으로 도깨비 '매(魅)' 자를 쓴다. 말 그대로 '홀린다'라는 뜻을 내포하고 있는데, 마치 '도깨비에 홀리듯 정신적으로 마비되거나 미숙해져 신비하게 이끌리는 현상'을 일컫는 말로 쓰이고 있다. 이처럼 이름에서부터 강렬한 이 매력(魅力)에 대해 당신은 어떻게 생각하고 있는가. 아마 매력이 주는 상승효과를 부정하지는 못할 것이다. 매력적인 사람에게 이끌려 본 경험이 있을 테니 말이다.

그렇다면 대체 사람들은 어떠한 것에서 매력을 느끼게 되는 것일까? 살펴보니 요즘 선호되는 매력들은 그 모양도, 이유도 제각각이다. 푼수 같은 모습도 매력, 허세도 매력, 무언가를 못하는 것도 매력, 너무 많이 먹는 것도 매력, 소위 말하는 '덕후' 기질도 매력, 자신감이 넘치는 것도 매력, 심지어 좀비 성향(하루 종일 아무것도 하지 않고 누워 천장만 바라보고 있는 사람을 일컫는 말)도 매력이 될 수 있다.

그야말로 매력 전성시대! 이 점에 우리는 주목해 볼 필요가 있다. 매력의 양상이 전과는 다른 모습이기 때문이다. 2000년대 초까지만 해도 매력은 다소 한정적인 모습이었고, 또 그 대상도 특별한 사람들이었다. 외모가 뛰어나거나 능력 있는 사람, 특별히 개성이 뚜렷한 사람 등 누군가로부터 부러움의 대상이 되거나 특별한 요소가 있을 때만이 '매력 있다'라고 표현했다. 그러나 20여 년이 지난 지금의 '매력'은 어떤가. MZ 세대들은 각자의 매력에 집중하고 개개인의 표현을 존중한다.

매력은 그 자체로는 눈에 보이지 않지만 상대의 감정과 태도를 바꿀 수 있는 탁월한 힘을 가졌다. 이런 점에서 매력은 스피치의 중요한 도구가 될 수 있다. 타인을 설득해야 하는 스피치의 특성상 좋은 메시지와 더불어 연사가 가진 매력이 좋은 설득 도구가 되기 때문이다. 그러나 매력이란 긍정적인 요소로부터 만들어지는 것이기에 좋은 태도와 에티켓을 갖춘 사람이라야 타인에게 매력을 전할 수 있다. 따라서 긍정적인 에너지를 갖추기 위한 노력도 연사의 몫인 것이다.

매력적인 연사가 되어 보고 싶다면 당신만의 매력을 제대로 알아야 한다. 당신은 어떤 매력이 있는가. 당신이 가지고 있는 매력으로 어떻게 청중을 홀릴 것인가. 지금부터 당신만의 매력을 찾아보도록 하자.

나의 외적 매력지수 체크

Check	질문
	표정이 밝고 부드럽다.
	자신에게 가장 어울리는 메이크업을 할 수 있다.
	자신의 얼굴에 어울리는 헤어스타일을 하고 있다.
	자신에게 어울리는 패션 스타일을 잘 알고 있다.
	때와 장소에 맞는 옷을 입을 줄 안다.
	자세가 좋고 걸음걸이가 당당하다.
	체중이 늘면 곧바로 다이어트를 한다.
	호감을 주는 인상을 가지고 있다.
	자신의 피부색에 어울리는 베스트컬러를 잘 알고 있다.
	웃는 모습이 예쁘다. (멋지다.)
	발음이 좋고 목소리가 좋은 편이다.
	매너가 좋다는 말을 주변 사람들로부터 자주 듣는다.

10~12개 매우 높음 / 8~10개 높음 / 6~8개 개선 필요 / 0~6개 개선 필수

나의 내적 매력지수 체크

Check	질문
	열정적이다.
	성실하다.
	정직하다.
	성품이 따뜻하고 타인에게 친절하다.
	사람들과의 소통이 즐겁다.
	독서, 자기계발, 배우는 것을 좋아한다.
	긍정적이고 적극적이다.
	약속을 잘 지킨다.
	신뢰를 중요하게 생각한다.
	긍정적인 사고가 많다.
	타인을 배려하는 매너가 배어 있다.
	예술을 좋아한다.

10~12개 매우 높음 / 8~10개 높음 / 6~8개 개선 필요 / 0~6개 개선 필수

나의 외적 매력 강조점을 적어 보기

매력 강조점	이유
ex) 눈웃음	ex) 웃는 인상으로, 선한 이미지를 갖게 해 준다.

개선점은 무엇인지 적어 보기

개선점	이유	개선 방법
목소리	작은 목소리는 자신감이 결여되어 보인다.	복식호흡으로 목소리를 키운다.

에필로그

스피치가 바뀌면
인생이 바뀐다

　가치가 만들어지는 곳에 발언이 모이고 연사들의 목소리가 들린다. 그러고 보면 스피치 능력이 필요하지 않은 곳이란 없다. 5년 전 출간한 《스피치 멘토링》은 말하기 공부를 처음 하는 이들을 위한 스피치 기본 지침서였다. 이 책 서문에서 밝힌 바와 같이 팬데믹 상황은 스피치 환경을 급속도로 바꿔 놓았고 우리의 연사들은 적응하기에 바빴다. 하지만 아무리 미디어 환경이 변했다고 해도 여전히 리더들에게 '공식 스피치'는 선택이 아닌 필수 영역이었다.

　첫 번째 스피치 책이 나오고 그동안 나는 스피치 컨설턴트를 거쳐 기업교육 회사의 대표를 역임하고 현재는 지역신문사에서 기획업무를 총괄하는 일을 하고 있다. 필자는 이곳에서도 여전히 말과 글의 세계를 살아가고 있는 중이다. 전업 강사로 살던 때보다는 무대에 서는 일이 줄어들었지만 업무현장에서 스피치 능력은 여전히 빛을 발할 때가 많다. 이 책은 그동안 필자가 엮어 온 노하우를 담아낸 것이다. 다만, 스피치의 화술, 화법 중 연설에 입각한 '화술 방법'을 중심으로 기술하고 있는데 아직까지 우리 사회의 연사들은 연설로부터 자유롭지 않기 때문이다. 물론 리더의 말하기가 연단 위, 카메라 앞에서만 필요한 것은 아니다. 사석에서의 대화법도 매우 중요하고 회의나 토론, 토의, 상담 등 매 순간 말하기의 지혜가 필요하다. 이러한 이유로 아쉽지만 '리더의 말하기 화법 편'은 또다시 숙제로 남겨 둔다.

　스피치, 그거 배운다고 말이 느냐고 묻는 이들이 많은데 무조건 그렇다고 답한다. 필자는 이 책의 2장 내용구성법에서 말의 조리를, 3장에서 좋은 목소리를 4장 5장에서 말보다 중요한 태도와 몸짓을 기술했다. 이 중 평소 약점이라고 생각해 온 어느 한 부분이라도 고치려 노력한다면 말이 늘 뿐 아니라, 사뭇 달라진 모습이 될 것이다.
　또한 "말만 잘한다고 됩니까? 일을 잘해야지"라고 말하는 분들이 있는데, 이 점에 대해서는 오히려 필자가 반문해 보고 싶다. 과연 리더십 현장에서 '말만 잘하고 일은 못하는 경우'가 있을까? 내가 만난 리더들은 일을 잘할수록 말도 잘했고, 말을 잘할수록 실전에서 미팅능력, 회의능력, 언론 대응능력까지 갖춘 훌륭한 분들이었다. '말'은 리더십을 드러내는 가장 필수적인 요소임에는 틀림없다.

필자는 어려서부터 리더가 되고 싶었다.

리더로서 인격, 실력, 헌신의 모습을 갖추고 싶었고, 리더가 갖추어야 할 능력으로 '스피치 능력'을 믿어 의심치 않았다. 주저 없이 '스피치 공부'에 매진했고, 열정을 다 바쳐 노력해 왔다. 좋은 발음을 위해 시야에 보이는 간판들을 또박또박 읽고 다녔고, 사투리 억양이나 어조를 고치기 위해 자주 녹음해서 목소리를 들어보았다. 조리 있는 말하기를 위해 독서와 글쓰기를 병행했고 '주제글쓰기'를 통해 글쓰기와 스피치를 같이 연습했다. 지인들과 자주 토론했으며, 강의가 있는 독서모임(책강)을 주도해 실전 경험을 쌓기도 했다.

특별히 말을 잘하는 편은 아니었지만 원하는 결과를 얻기 전까지 치열하게 매진했다. 시간이 지나 필자에게는 '스피치 공부'가 모두 자산으로 돌아왔고 20대 중반을 막 지나던 어느 날, 대한민국 명강사 경진대회에서 입상하며 최연소 명강사라는 타이틀도, 스피치 전문가라는 스펙도 얻게 되었다.

스피치로 인해 인생이 달라진 것이다. 이는 곧 또 다른 기회로 이어졌다. 그래서 늘 필자가 걸어가는 길에는 '스피치'로 인한 기회와 도전이 넘쳐났는데 제한경쟁 PT와 같은 입찰프레젠테이션, 강의, 여러 프로젝트들…. 어느덧 기획자를 거쳐 지역신문사 임원까지…. 앞으로 또 어떤 기회가 펼쳐지게 될까? 이는 모두 스피치 덕분이며 앞으로도 필자는 계속해서 노력할 것이다. 스피치가 바뀌면 인생이 바뀐다는 말은 이제 필자 자신을 두고 하는 말이 되었다.

독자 여러분!

리더로서 성공하고 싶은가? 아직 예비리더라면, 한 분야의 리더로 성장하고 싶은가? 나 자신을 바꾸고 새로운 기회를 얻는 데 기꺼이 도전할 준비가 되었는가? 그렇다면 망설이지 말고 스피치 공부에 매진해 보라. 당신의 가장 든든한 성공 열쇠가 되어 줄 것이다.

이 책을 쓰는 동안 좋은 리더가 되는 과정이 얼마나 치열한지, 얼마나 남모를 노력이 필요한지를 또한 알게 되었다.

리더. 그들의 여정에 박수를 보낸다. 누구나 리더가 될 순 있지만 아무나 존경받는 리더가 될 수 없다. 그것은 그가 걸어온 행동과 말 속에 들어 있다. 그런 의미에서 오늘을 함께 살아가는 대한민국의 모든 리더들과 새 시대를 열어 갈 예비 연사들에게 위로와 존경의 마음을 보낸다.

마지막으로 아낌없이 격려해 주시고 언제나 큰 힘이 되어 주시는 경남일보 고영진 회장님과 임직원 여러분께, 이 책이 나오기까지 후원해 주신 경남스피치컨설팅 박성욱 원장님께 감사드린다. 늘 믿어 주는 가족들과 하늘에 계신 아버지께 이 책을 바친다.